MORWR TIR SYCH

Hunangofiant
J Geraint Jenkins

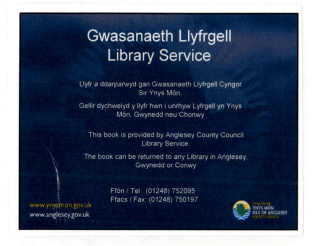

MORWR TIR SYCH

Hunangofiant ~

J Geraint Jenkins

 Cymdeithas Lyfrau Ceredigion Gyf.

Cyhoeddwyd gan Gymdeithas Lyfrau Ceredigion Gyf.,
Blwch Post 21, Yr Hen Gwfaint, Ffordd Llanbadarn,
Aberystwyth, Ceredigion SY23 1EY.
Argraffiad cyntaf: Ebrill 2007
ISBN 978-1-84512-051-1
Hawlfraint yr argraffiad © 2007 Cymdeithas Lyfrau Ceredigion Gyf.
Hawlfraint testun © 2007 J. Geraint Jenkins

Oni nodir yn wahanol, daw'r ffotograffau o gasgliadau
Amgueddfa Genedlaethol Cymru ~ Adran Diwydiant,
ac Amgueddfa Werin Cymru, ynghyd â chasgliad personol yr awdur.

Dyluniwyd y clawr gan Adran Ddylunio Cyngor Llyfrau Cymru
Cefnogwyd y gyfrol gan Gyngor Llyfrau Cymru
Argraffwyd gan Argraffwyr Cambrian,
Llanbadarn Fawr, Aberystwyth SY23 3TN

Cynnwys

Cyflwyniad

*i Nansi, a'm meibion
David Huw a Gareth Wyn,
ac er cof am John Richard*

Rhagair

F EL brodor o dde Ceredigion, cefais y fraint o grwydro
tipyn y tu allan i'm cynefin a gweld llawer o Brydain
ac Ewrop. Yn ystod fy ngyrfa cyfarfûm â nifer fawr o bobl:
yr academig a'r gwerinwr, aelodau o deuluoedd brenhinol
a chrefftwyr gwlad, morwyr a gwleidyddion. Bu llawer o
ddylanwadau ar fy mywyd, ond drwy'r cwbl yr oeddwn yn
awyddus dros ben i ddychwelyd at fy ngwreiddiau. Mae
traddodiad yn bwysig iawn a gallaf ddweud gyda'r awdur
Americanaidd Alex Haley:

> In all of us there is a hunger marrow deep to know
> our heritage, to know who we are and where we
> came from. Without this enriching knowledge
> there is a hollow yearning. No matter what our
> attainments in life there is still a vacuum and the
> most disquieting loneliness.

Os nad dim arall, ymgais i ddarganfod fy ngwreiddiau
a'r bobl fu o bwys i mi yn natblygiad fy mhersonoliaeth
yw'r llyfr hwn. Trwy gyfnodau cythryblus a hapus gallaf
ddweud gyda'r Proffwyd Esdras:

> Pam y rhoddwyd i mi gynneddf deall? Oherwydd
> nid oedd yn fy mryd i holi am y ffyrdd sydd uchod,
> ond am y pethau hynny sydd yn digwydd bob dydd
> o flaen ein llygaid. (2 Esdras: 4, 22–3)

J. Geraint Jenkins
Sarnau, 2007

Dyddiau Cynnar – Y Tridegau

Mae'n debyg na chefais ormod o groeso pan ddeuthum i'r byd ar ddiwrnod oer ym mis Ionawr 1929. Wedi'r cwbl yr oedd Dilys fy chwaer yn bymtheg oed a May fy chwaer arall ddwy flynedd yn iau. Y peth diwethaf roedd ei eisiau arnynt oedd brawd bach a fyddai'n distrywio *status quo* yr aelwyd a diddordebau soffistigedig Hollywood a nofelau rhamantus.

Roedd fy nhad yn absennol o'r wlad ar fordeithiau pell yn y dauddegau, a chanlyniad un o'i ymweliadau â Llangrannog o bellafoedd byd oeddwn i. Yn ystod fy mlynyddoedd cynnar, dieithryn ydoedd ond bob hyn a hyn byddai Mam yn mynd â mi i un o borthladdoedd mawr Prydain – i Gaerdydd neu Lerpwl, Newcastle upon Tyne neu Lundain – i'w gyfarfod. Efallai mai ar yr ymweliadau hyn y dechreuodd fy niddordeb mewn llongau, a chyn gynted ag y medrwn ysgrifennu yr oeddwn yn nodi pa long a oedd mewn porthladd arbennig ar y pryd. Ymysg fy nghyfeillion agos yr oedd morwyr o bob lliw: yn danwyr du o Gaerdydd fel Ramos; cogydd o Somalia o'r enw Thomas Davies, a saer môr fel Evan James o Aberteifi. Mae'n debyg fod Evan, Methodist i'r carn, yn cynnal ysgol Sul wythnosol ym mhellafoedd daear, a Ramos a Thomas Davies ymysg y mwyaf brwdfrydig o'i ddisgyblion yn trafod yr atgyfodiad a'r bywyd.

Gartref ni fyddai popeth yn llifo mor hawdd ag y dylai bob tro, a byddai dadleuon ffyrnig yn codi. Yn fuan cefais y gair fy mod am gael fy ffordd fy hun, ac imi gael fy sbwylio. Trwy lwc, a'm dwy chwaer i ffwrdd mewn colegau, yr oedd pethau'n gymharol esmwyth yn Fronlwyd, ond fe allai brwydrau ddechrau yn ddigon rhwydd pan fyddai'r ddwy gartref. Gallai ffrae gychwyn ynghylch rhywbeth mor ddibwys â dewis siocled o flwch Milk Tray adeg y Nadolig, neu pwy oedd i gael coes y ffowlyn. Nid oedd ewyllys da bob amser yn teyrnasu yn Fronlwyd ar yr ŵyl.

Yna roedd brwydrau y te dydd Sul. Byddai fy chwiorydd yn gwahodd un o'u ffrindiau o'r capel i de brynhawn Sul a rhywfodd neu'i gilydd gallai hen awyrgylch annifyr godi rhyngof a'r gwesteion. Un o'r rheiny oedd Nellie Lewis, Llain, athrawes ysgol Sul a'm hathrawes gyntaf yn Ysgol Gynradd Penmorfa. Yr oedd yn athrawes wych ond eto i gyd nid oeddwn mor hoff ohoni ag oedd rhai o'm cyfoedion. Tueddai i gario storïau amdanaf wrth fwrdd te y Sul ac yn fuan iawn sylweddolwyd fy mod yn cael trafferthion enfawr gyda gwaith llaw yn yr ysgol, yn enwedig y greffт o blethu raffia. Nid oeddwn yn rhy dda am ddysgu tablau chwaith, ac ni welai fy athrawes gyntaf unrhyw arwydd o ysgolheictod ynof; credai hyd ddiwedd ei hoes hir mai rhyw fath o 'second class citizen', yn dra gwahanol i'm chwiorydd, oeddwn i.

Nid wyf yn siŵr a ddaeth unrhyw welliant i'm bywyd pan symudwyd fi i ddosbarth Miss Lizzie Ann Evans, merch capten llong a oedd hefyd yn aelod ym Mhenmorfa. Yr hyn a gofiaf fwyaf am ei dosbarth hi, ar

wahân i'r tablau diawledig, oedd y storïau o waith Enid
Blyton a gyhoeddwyd yn *Teacher's World*. Deuthum yn
gyfarwydd ag Imogen a Gillian, a Bobs y ci, a drigai mewn
rhyw dŷ to gwellt, nyth o snobyddiaeth yn ardal Llundain.
Beth oedd gan helyntion teulu dosbarth canol Saesneg i'w
wneud â bywyd pobl Cymru wledig mae'n anodd dirnad.
Efallai mai dysgu'n araf oeddwn ym mlynyddoedd cynnar
yr ysgol gynradd. Gwlychais fy nhrowsus fwy nag unwaith
yn fy nyddiau cyntaf yn yr ysgol. Nid oedd gennyf fawr
o flas at fathemateg nac at wneud patrymau ar hanner
taten i weithredu fel stamp. Ar ben y cwbl nid oedd fy
mherthynas â'r ddwy athrawes ganol oed mor llyfn ag
y dylai fod. Yr oedd y pethau y cyfrifent hwy yn bwysig,
fel dysgu ar y cof, cymryd rhan mewn mabolgampau
a chystadlu mewn eisteddfod, yn hollol wrthun i mi.
Hyd yn oed yn saith oed, nid oeddwn yn ffitio i mewn i
dîm pêl-droed na chôr cydadrodd. Efallai mai dyna un
rheswm pam mai criced fu fy hoff gêm trwy fy oes, camp
lle mae ymdrechion yr unigolyn yn bwysicach na gwaith
tîm. I Lizzie Ann yr oedd yr agwedd yma'n nesáu at fod
yn hunanol a phechadurus.

Gwellodd fy mywyd yn aruthrol pan gefais fy symud
i ddosbarth y prifathro, sef Ivor Isaac, brodor o Dre-fach
Felindre. Torrwyd y cysylltiad rhyngof a'r ddwy athrawes
ac yr oedd gwawr newydd ar dorri. Cychwynnodd
Ivor Isaac ar ei waith fel prifathro ym Mehefin 1930,
ac yno y bu nes iddo ymddeol ym mis Rhagfyr 1959,
yn uchel ei barch ac yn arweinydd bro a chapel. Gŵr
tenau tenau ydoedd a ddioddefodd gryn dipyn ym
Macedonia yn ystod y Rhyfel Byd Cyntaf, a byddai'n
rhaid iddo gymryd rhai diwrnodau i ffwrdd yn rheolaidd
o ganlyniad i effeithiau malaria. Yn athro gwych – ym

mhob maes heblaw cerddoriaeth – enillodd barch y fro a'i ddisgyblion, ac yn wahanol i'w ragflaenydd mae adroddiadau arolygwyr ysgolion yn tystio: 'There is a happy spirit of cooperation at this school and the work is generally well done. This is undoubtedly due to the Head Teacher's quiet and pervading influence.'

Yn sicr bu'n ddylanwad mawr arnaf fi gan fy nghyflwyno i gyfoeth llenyddiaeth Cymraeg a Saesneg ac i hanes Cymru a daearyddiaeth y byd. Nid oedd bellach sôn am Gillian, Bobs nac Imogen. Wrth gwrs yr oedd yn rhaid cadw trefn ar yr holl blant, o bump i bedair ar ddeg oed, a gallai drafod yr anystywallt, y drwg a'r diog yn llym iawn. Ymhell ar ôl gadael ysgol Penmorfa bu cyfeillgarwch agos rhwng fy nghyn-brifathro a minnau. Ymddeolodd yn gyntaf i Lan-non ac yna i Aberystwyth, a bu fyw nes ei fod yn 80 oed. Galwn amdano'n rheolaidd a byddai wrth ei fodd mewn tafarn yng nghwmni rhai o'i gyn-ddisgyblion. Heddwch i'w lwch.

Yn y tridegau byddai Mam yn cadw ymwelwyr yn ystod misoedd yr haf, ac un teulu a ddôi yn ei gyfanrwydd am fis neu ragor oedd teulu Phelps o India. Plannwr te oedd Mr Phelps (ni ddeuthum byth i wybod beth oedd ei enw cyntaf) ond yr oedd ei wraig Connie yn ferch i weinidog Undodaidd o Aberdâr. Byddai chwaer iddi'n aros am fisoedd dros yr haf ym Melin Llanborth, gwesty digon amrwd yng ngofal Miss Ann Davies (Nano'r Felin) a fu'n felinydd blawd y fro am flynyddoedd.

Mae'n rhyfedd sut yr oedd teuluoedd o bant yn dod yn ôl fel gwenoliaid i ardal Penmorfa flwyddyn ar ôl blwyddyn, gan feddiannu'r un llecyn o draeth Penbryn am rai wythnosau ym mis Awst. Adeiladwyd cabanau bychain gan nifer ohonynt. Y patrwm dyddiol oedd cyrraedd traeth Penbryn tua un ar ddeg y bore, yna cinio ar y traeth, hamddena a chysgu yn y prynhawn, a dychwelyd i'r llety tua hanner awr wedi pump ar gyfer swper hanner awr wedi chwech. Gyda'r nos byddai'r mwyaf mentrus yn mynd i'r Ship neu'r Pentre Arms yn Llangrannog, er mae'n bur debyg y byddai rhai o'r lletywragedd yn anfodlon ar hyn a hwythau wedi eu trwytho yn Undeb Dirwestol Merched y De a'r ŵyl Ddirwest a Moes leol. Ymhlith y teuluoedd a ddeuai bob haf oedd y Robinsons a'r Bakers, y Parnells a'r Harfords, a hyd yn oed ambell i deulu o ardal Dre-fach Felindre, er mwyn treulio wythnos ar lan y môr, yn enwedig ym mhentre Llangrannog. 'Whelps Sir Gâr' y gelwid y rhain, ac yn llawer diweddarach darganfûm mai perchnogion ffatrïoedd gwlân Dyffryn Teifi – Huddersfield Cymru – oeddynt. Byddai llawer ohonynt i'w gweld yng nghapeli'r fro ar y Sul. Anaml y gwisgent yn addas ar gyfer y traeth – datod y wasgod, dyna i gyd.

Treuliwn dipyn o amser ym mhentre Llangrannog yn ystod yr haf. Yno ar lan y don y trigai fy Anti Rach a'i thair merch, ac yn siop Glynafon yr oedd Wncwl Joe ac Anti Let yn teyrnasu. Digon cybyddlyd oedd Wncwl Joe, a phrin iawn oedd y melysion a roddai i'w nai. I glos y Ship ym misoedd yr haf y dôi Dai Chips o Landyfrïog, a'i gart a gariai foeler mawr i ffrio tatws. Byddai poni Dai yn gorffwys yn stabl y Ship am wythnosau tra byddai ei feistr yn gwerthu cydau o sglodion seimllyd. Golchai Dai y tatws yn afon Hawen, a hynny cyn dyddiau carthffosiaeth. Wedi eu crafu a'u torri rywsut rywfodd byddai'r sglodion, yn llawn tyllau du, yn cael eu coginio. Yr oeddem wrth ein bodd yn gweld boeler sglodion Dai yn mynd ar dân yn achlysurol, ac yntau'n riwmatics i gyd yn rhuthro drwy'r tyrfaoedd i gael gafael ar offer i ddiffodd y fflamau. Gyda sglodion seimllyd yn nofio mewn finegr, a'r hufen iâ mwyaf diflas a gafwyd erioed – Alpine Cream Ices o Gastellnewydd Emlyn – yr oedd traeth Llangrannog a thraethau Cilborth, Iscland, y Bilis a'r Ynys yn baradwys i blentyn.

Wrth gwrs nid oedd rhywun yn sylweddoli ar y pryd, ond yr oedd y tridegau'n gyfnod digon llewyrchus a hapus yng nghefn gwlad. Dyna ddegawd pryd yr oedd crefftau coed ac adeiladu, metel a chlai yn eu hanterth, ac yr oedd digon o lewyrch ar fywyd crefyddol, diwylliadol a chymdeithasol y gymdeithas wledig. Ym Mhenmorfa yr oedd y capel mor llewyrchus fel iddynt ei ailadeiladu ym 1938–9, ac yr oedd tua 98 o ddisgyblion yn ysgol Penmorfa. Erbyn 2006 dim ond 15 disgybl oedd yno. Roedd bron pob aelod o'r gymdeithas yn Gymraeg ei iaith ac yr oedd digon o weithgareddau o fewn y fro trwy gydol y flwyddyn. Yn aml iawn byddai Mam a minnau'n 'mynd bant' i ymuno â'm tad ar long yn rhyw borthladd neu'i gilydd. Mae'n rhyfedd sut y deuai o hyd i'r ffordd orau i lannau'r Tyne o Benmorfa. Cerdded y ddwy filltir i Frynhoffnant i ddal bws Crosville i Aberystwyth; yna ar y trên i Groesoswallt, newid am Gobowen, newid yno am Stalybridge a Stockport, yna i Huddersfield, newid am Leeds ac wedyn i Efrog. Yna'r cam olaf o Efrog i Newcastle upon Tyne. Dyna antur i grwt oedd dod ar draws pobl tra gwahanol. Yr oedd yn gyfnod o ddirwasgiad dybryd yn yr ardaloedd diwydiannol a chofiaf yn iawn am blant troednoeth strydoedd Jarrow mewn carpiau, a'r gwŷr di-waith yn ymgasglu yn y strydoedd. Gwisgai pob un gap stabl du am ei ben a mwffler gwyn am ei wddf ac yr oedd rhyw awyrgylch o anobaith pur yn yr awyr. Ar yr afon ei hun yr oedd nifer o longau segur yn 'gorwedd i fyny'. Ar lan yr afon hefyd cofiaf ddwy long enfawr, a fu unwaith yn symbol o foethusrwydd mordeithiau traws-Iwerydd, yn cael eu chwalu. Un ohonynt oedd RMS *Olympic*, chwaer long y *Titanic*, a'r llall oedd RMS *Berengeria*, a fu unwaith yn fanerlong cwmni llongau o'r Almaen a ddaeth yn eiddo i gwmni Cunard ar ôl y Rhyfel Byd Cyntaf.

Yn ddisgybl ysgol gynradd cefais weld nifer o borthladdoedd a dinasoedd Prydain, a hyd y dydd heddiw mae gennyf docynnau tramffordd a fferi i'm hatgoffa o'r rhyfeddodau a welwyd gan grwt wyth mlwydd oed. Pan gefais fy mhenodi'n bennaeth Amgueddfa Diwydiant a Môr Cymru yn 1977 yr oeddwn eisoes yn gyfarwydd â strydoedd Caerdydd – Bute Street a James Street, Mount Stuart Square a Clarence Road – o ganlyniad i atgofion ddeugain mlynedd ynghynt. Roeddwn hefyd yn gyfarwydd â rhai o'r siopau a werthai nwyddau i'm tad ac i longau Evan Thomas Ratcliffe. Yr oedd Evan Hughes y groser, Clode a Patterson y cigyddion, a Fraser a werthai amrywiaeth mawr o nwyddau, yn adnabyddus iawn i mi. Ond efallai mai'r mwyaf adnabyddus oedd George Jones, y Golden Goat yn Bute Street, teiliwr a werthai bob math o nwyddau. Brodor o ardal Llanddowror yn sir Gaerfyrddin oedd Jones, a heblaw gwerthu nwyddau i forwyr am grocbris yr oedd hefyd yn gweithredu fel bancer iddynt pan fyddent yn derbyn *Advance Note* a oedd yn ddogfen gyfreithiol i ddweud y byddai'r cwmni llongau'n eu talu ar ddiwedd mordaith. Yn y cyfamser yr oedd atyniadau Tiger Bay yn galw, a dim arian i'w wario. Yna yn siop y Golden Goat medrai Jones newid yr *Advance Note* i arian – am elw wrth gwrs. I'r rhan fwyaf, 17 swllt a 6 cheiniog yn y bunt y byddai Jones yn ei dalu,

ond os oeddech yn Gymro ac yn barod i fynychu capel
Bethel, Loudon Square, lle'r oedd Jones yn flaenor, mi
dalai 18 swllt a 6 cheiniog yn y bunt. Yn ŵr crefyddol ac
yn un o'r Seiri Rhyddion, gelwid George Jones yn 'Welsh
Consul'. Os oedd capten yn chwilio am griw, gwyddai
Jones pwy oedd gartref ac yn barod i ymuno â llong am
fordaith arall. Dim ond telegram neu alwad ffôn oedd ei
angen.

Yr oedd Mam yn gogyddes arbennig iawn, yn
ymhyfrydu yn ansawdd y bwyd a baratoai. Dyna newid
oedd mynd ar fwrdd llong a chael cyrri i frecwast, te a
choffi gyda llaeth tun melys, a phlataid o gigoedd hollol
ddieithr eu blas wedi eu coginio fel arfer gan gogydd
du ei groen nad oedd bob amser yn rhy lân. Dyma sut y
cyfeiriodd un morwr at fordeithiau yn y tridegau:

> We were on a starvation diet and as soon as the
> contents of the communal ice chest on deck thawed,
> our staple diet became salted beef and pork which
> were quite tasty and a welcome relief from the
> rotting remains of the so-called fresh meat, often
> well laced with chicory and sweetened molasses.
> Fresh bread served alternately with hard biscuits.
> When the butter ran out we were supplied with
> fresh dripping. We were issued with one tin per man
> per week of condensed milk. Instead of removing
> the lid we punched two holes in them to keep the
> cockroaches out. Fresh water was drunk twice a day
> from the galley pump after the mate had removed
> the padlock and chain from its handle.

Dyna'r sefyllfa ar SS *Llanover* ac SS *Flimston*, llongau
a gyfrifwn yn gymaint o baradwys yn fy mlynyddoedd

cynnar cyn gadael Ysgol Gynradd Penmorfa. Cefais bleser arbennig o fod ar fwrdd yr SS *Llanover* lle bu fy nhad yn swyddog am rai blynyddoedd tan 1939. Mae'n anodd credu fod y llong hon, prin yn ddeg oed, i weld ei diwedd yn nyfroedd oer yr Iwerydd yn 1942.

Yn achlysurol byddai'n rhaid treulio ychydig ddiwrnodau gydag Ewythr Evan, brawd ieuengaf fy nhad a oedd wedi colli ei olwg yn gyfan gwbl ar y Somme. Yr oedd ef, ei wraig Gwendolen a'u hunig fab Raymond yn byw mewn tŷ teras yn Heol Graigwen, Cymer, y Porth. Stryd serth iawn oedd hon yn edrych lawr dros y Porth, a phyllau glo a mynyddau o dipiau gwastraff o gwmpas. Un o adeiladau pwysig y dre ddiflas hon oedd gwaith diodydd Corona a sefydlwyd gan y dirwestwr diwydiannol William Evans o Gwm Gwaun, sir Benfro, i geisio lleihau'r yfed alcohol dychrynllyd a oedd mor nodweddiadol o gymoedd glofaol y de. Yr oedd y parc cyhoeddus a sefydlwyd ganddo, gyda'i feysydd chwarae a'i bwll nofio, yn werthfawr iawn i bobl y Porth, a threuliodd Raymond a minnau oriau lawer yno; atyniadau eraill oedd byrddau snwcer Sefydliad y Glowyr ynghyd â'r siopau hufen iâ Eidalaidd. Er mor garedig oedd y teulu, a'r croeso yn gynnes dros ben, yr oedd tipyn o wahaniaeth rhwng bywyd y Porth a bywyd Llangrannog. Ymgasglai'r di-waith yn dyrfaoedd ar sgwâr y dre, a byddai aroglau *chips* a chwrw sur yn treiglo i bobman. Yr oedd afon Rhondda yn ddu gan lwch glo, a haenen ddu dros bob mur a llwyn.

Y lle arall a'm denai i dreulio gwyliau byr oedd Tywyn, sir Feirionnydd, lle byddwn yn aros gyda Modryb Anne, chwaer hynaf Mam, a'i gŵr David Lewis Jones; gŵr uchel ei barch ac uchel ei gloch, tipyn o unben gorthrymus a blaenor Methodist. Yr oedd yn frodor o ardal y Mynydd Bach yng Ngheredigion, a bu'r teulu'n cadw 'Wâc La'th' a siop groser yn Llundain cyn dychwelyd i Gymru. Yn ogystal â fy modryb, yr oedd gan Defi Lewis ddwy ferch, Annie a Gwen, a mab, David William, yn gweithio yn y busnes. Byddai hefyd yn cyflogi merched o ardal Penmorfa fel morynion, a hynny am cyn lleied byth ag y medrai dalu iddynt – *minimum wage* oedd hi i'r teulu a'r staff. Yr oedd nifer o adrannau i'r fenter: siop groser Star Stores, siop felysion a baco y Bon Bon, tŷ bwyta Tŷ Clyd a gwesty St Cadvans Hotel. Yr oedd yno bopty hefyd, ac un o brif orchwylion fy nghefnder Davy oedd pobi bara a'i ddosbarthu i ardal eang. Byddwn yn mynd yn gwmni iddo yn ei fan Ford yn achlysurol, ond gan fod galwadau niferus ganddo, ac amser maith yn cael ei dreulio mewn ambell i dŷ, gallai siwrne werthu Davy fod yn drafferthus. Er iddo gael ei eni yn 1906 yr oedd gobeithion mawr ynddo am wraig; o leiaf yr oedd yn hoff iawn o bob merch, boed yn hen neu'n ifanc. Gartref yr oedd dan orthrwm ei dad, ac o fore bach tan hwyr y nos yr oedd llais cras hwnnw i'w glywed yn gyson yn gweiddi 'Davy William!' neu 'Annie!'

Druan o Annie, a oedd yn hŷn na'i brawd; yr oedd yn drwm ei chlyw ac wedi priodi Sais o'r enw Bert Stanworth na châi ddod ar gyfyl Star Stores. Gŵr byr o gorff, â gwallt du fel y frân wedi ei wlychu'n drwyadl â saim, oedd Bert Stanworth. Roedd ganddo'r fwstasen fwyaf cul a welwyd erioed. Gwisgai grafát felen am ei wddf, a sgidie swêd brown am ei draed. Roedd gwên barhaus ar ei wyneb, a arddangosai nifer o ddannedd aur. Ni wyddai neb o ble y daeth, ond ar ei deithiau gwerthu i Gymru byddai'n aros yn y St Cadvan's Hotel. Fel y trafaelwyr eraill câi groeso gan bawb, yn enwedig gan y ferch hynaf Annie, a chanlyniad yr holl groeso oedd genedigaeth eu merch Margot. Disgynnodd holl lid blaenor cul Methodistaidd arno. Ni chafodd groeso yn y St Cadvan's Hotel byth eto, a phe digwyddai Dafi Lewis ei weld, yr un fyddai'r cyfarchiad, sef 'Go away, Stanworth'. Diflannodd fel gwlith y bore gan adael Margot fel yr unig arwydd ei fod wedi bod yn Nhywyn erioed.

Ni wnaeth Gwen yn llawer gwell. Priododd â gŵr gweddw o ogledd Lloegr, cynrychiolydd cwmni dillad. Gellid disgrifio Reg fel rhyw fath o 'Smart Alec', yn gwisgo *plus fours* ac yn gyrru car Morgan awyr agored i gyflawni ei deithiau gwerthu o siop i siop yng ngogledd Cymru. Bu Gwen a Reg yn ddigon hapus nes iddo ef farw'n sydyn. Buan iawn y darganfu Gwen ail ŵr, sef Frank Davies, technegydd dannedd o Bwllheli, gŵr hynaws a Chymro Cymraeg. Yr oedd ef yn dipyn o welliant ar y trafaelwyr a ddôi ar eu tro i Dywyn, a chafodd ffafr yng ngwesty Modryb Anne.

Wedi marwolaeth ei rieni, cymerodd y mab, David William, awenau'r fusnes, ac yn achlysurol byddai'n torri allan o Dywyn ac yn treulio diwrnodau yn Fronlwyd heb rybudd na gwahoddiad, a hynny er mwyn chwilio am wraig. Wedi gwisgo yn drwsiadus, byddai fy nwy chwaer a llawer o'u ffrindiau'n diflannu o'r tŷ. Er iddo deithio tipyn o dir de Ceredigion, methiant fu ei ymgyrchoedd yno, ac yn y diwedd, mewn bwyty yn Stryd y Frenhines yng Nghaerdydd y daeth y chwilio i ben. Perswadiodd un o weinyddesau'r bwyty, sef merch o'r enw Muriel o Gaerffili, i ddod i Dywyn, ac o fewn dim yr oedd Davy William yn briod, a pherthnasau'r wraig ifanc wedi ymfudo yn gyfan-gwbl o Gaerffili i Feirionnydd.

Yr anrheg orau a gefais o Dywyn oedd ci Airedale,

a oedd ychydig yn hŷn na mi, a ddaeth i Fronlwyd ar fy ngenedigaeth. Bu hwn yn gydymaith cyson i mi am ryw ddeunaw mlynedd, yn gi gwarchod tan gamp, ond yn un digon dwl hefyd. Crwydrai ymhell oddi cartref, fel y tystiai nifer fawr o gŵn bach dros ardal eang, ac achosodd drafferth i un teulu a thipyn o gost i Mam wedi iddo larpio pedair cwningen ddof yn yr ardd. Dyma'r unig gi fu gyda ni erioed, oherwydd fel y gweddill o'm teulu, dyn cathod fûm i erioed, a bu cathod o bob math – o gwrcathod coch i gath pedigri Birman – yn rhan o'n haelwyd ar hyd y daith.

Digwyddiad pwysig iawn yn ein tŷ ni yn y tridegau oedd prynu'r set radio gyntaf yn 1937. Yr oedd cryn gystadleuaeth mewn radios ymysg fy nghyd-ddisgyblion – rhai â phedair falf, eraill â dim ond tair; rhai o fahogani, eraill o *bakelite*, y deunydd mwyaf modern posibl. Yr oedd rhai yn groch dros Ecko, rhai Bush, ac eraill dros Cosser. Pye QTRF tair falf mewn cas pren a ddaeth i Fronlwyd, a bellach dyma'r byd ar gael: gwasanaeth bore Sul a nosweithiau llawen, gornestau bocsio a rhaglen o gân gan Will Davies, Penlon Gilfach – perthynas i Mam a dreuliodd beth amser ar y llwyfan yn Drury Lane, Llundain, fel canwr bas. Ond pa un bynnag y weierles, yr oedd un trafferth – nid oedd trydan yn Fronlwyd a rhaid oedd dibynnu ar ddwy fatri, un sych ac un wlyb, i gael y set i weithio. Daeth taith i Langrannog neu Beulah yn achlysur mynych er mwyn mynd â'r batri ar y beic i'w *chargo*. Bu'n rhaid aros tan 1941 cyn i drydan gyrraedd Fronlwyd.

Yr oedd bywyd y wlad yn weddol gysurus yn y tridegau, ac yr oedd mynd i Ysgol Ramadeg Aberteifi yn dipyn o sioc, a hynny ym mlwyddyn gyntaf y rhyfel. Mae'n rhaid cyfaddef fod y cyfnod rhwng 1937 a 1940, pan adewais ysgol Penmorfa, yn un digon dedwydd, ac roedd gennyf arwyr fel William James, Penrallt (Gilfach, Capel-y-wig yn ddiweddarach) a John Evans, Cnwcyrhyglyn. Ar y cyfan yr oedd yn ysgol hapus, ond mi sylweddolais yn gynnar fod rhai gweithgareddau a thestunau yn gors anobaith i mi. Y diflastod mwyaf oll, sy'n para hyd y dydd heddiw, oedd mathemateg, ac mae'n debyg mai fi oedd y mwyaf araf o holl ddisgyblion y cyfnod i feistroli'r tablau.

Oni bai bod fy athrawes piano – Miss Mary Davies, Fern Cottage, Sarnau – yn berson hynaws a charedig, buasai pob peth yn gysylltiedig â'r offeryn diawledig yna yn ystafell gefn Fronlwyd wedi bod mor wrthun i mi â'r tablau. Un o uchelgeisiau pennaf mamau Penmorfa oedd gweld a chlywed eu plant yn cyfeilio mewn oedfa, ond cafodd Mam dipyn o sioc oherwydd heblaw chwarae rhyw bedwar emyn mewn cyfarfod gweddi ar nos Iau ynghanol gaeaf, tawel fûm byth wedyn.

Er fy mod yn grwt digon cryf, nid oeddwn yn rhy hoff o fabolgampau, a diflastod o'r mwyaf oedd gorfod cymryd rhan yn rasys Jiwbili Arian Siôr V yn 1935, ac yna'r rasys i ddathlu coroni ei fab yn 1937. A dweud y gwir, bach iawn oedd fy niddordeb yn y teulu brenhinol ar y pryd, ac yr oedd agwedd filitaraidd rhai o arweinyddion gweithgareddau'r fro yn wrthun i mi. Buan y dysgais mai 'bois caib a rhaw' Pioneer Corps y Rhyfel Byd Cyntaf oedd uchaf eu cloch. Doedd dathliadau *Empire Day* a *Trafalgar Day* ddim at y blas o gwbl, eto disgwylid i ddisgyblion pob ysgol gynradd yng Ngheredigion dalu gwrogaeth i arwyr yr ymerodraeth.

Rhyw ddau led cae o Fronlwyd yr oedd bwthyn bychan dwy ystafell – 'tŷ dau ben'. Yr oedd y gwyngalch ar ei furiau wedi hen ddiflannu, a'i do sinc yn goch gan rwd y blynyddoedd. Pe bai dyn yn sôn am dlodi gwledig – y *rural poor* o'r tridegau – amlygid holl drallod a thlodi gwlad yn y bwthyn diarffordd hwn. Ceid dŵr o ffynnon ddofn a pheryglus ger y tŷ ac nid oedd unrhyw fath o gysgod rhag y glaw a'r gwyntoedd. Ond er gwaethaf tlodi amlwg bwthyn Penrallt Perthneidr, yr oedd yn gartref i deulu niferus ac arbennig, ac yn eu plith gyfeillion agosaf fy mhlentyndod; roedd y cyfeillgarwch hwnnw i barhau hyd ddiwedd oes nifer ohonynt. Saer coed oedd Dafi James, y tad, na ddylai fyth fod yn saer ond yn ysgolhaig, gyda'i wybodaeth eang o bethau'r byd a diwylliant ei bobl, gŵr yr oedd llyfrau'n agosach at ei galon na morthwyl a llif. Nid wyf yn cofio amdano'n gwneud diwrnod o waith erioed. Mae'n sicr i Mary Hannah ei wraig ddioddef yn ofnadwy wrth geisio cael dau ben llinyn ynghyd i fwydo a dilladu wyth o blant. Dibynnai i raddau helaeth ar gardod ac ysbryd cymdeithasol nifer o gymdogion.

Yr oedd y plant – chwe bachgen a dwy ferch – yn llawn hwyl, ac ymysg y rhain oedd fy mhrif gyfeillion: Samuel (ganwyd 1916), Evan John (ganwyd 1919), Glyn (ganwyd 1922), William (ganwyd 1924), Gareth (ganwyd 1926) a James Morris (ganwyd 1928). Yr oedd yno ddwy ferch, Priscilla (Lil), a aeth i nyrsio i Lerpwl, a Hannah a fabwysiadwyd gan berthnasau i'r teulu.

Fy nghyfaill agosaf o blith y rhain oedd William (neu Wil Gilfach), arwr arbennig iawn i mi. Ef a aeth â mi i'r ysgol am y tro cyntaf, ac yr oedd yno bob amser i'm hamddiffyn rhag pob trafferth. Ef a aeth â mi i draeth bach Morfa Canol i geisio nofio, ac ef a'm dysgodd i naddu pren i wneud chwibanogl (*whit*). Yn 1992, pan ddychwelais i Geredigion a chymryd dosbarth allanol y Brifysgol ym

Mhontgarreg, am rai blynyddoedd Wil oedd cadeirydd y dosbarth, ac yr oedd bob amser yn barod i ddatgan ei farn yn glir a huawdl. Pan ymladdais isetholiad i Gyngor Sir Dyfed, William oedd fy nghydymaith cyson ar deithiau canfasio i bob rhan o'r etholaeth. Bu hefyd yn gydymaith rheolaidd ar deithiau nos Sadwrn i dafarndai Ceinewydd a oedd yn ddigon pell o Benmorfa a'i dirwestwyr. Ar y daith yn ôl byddai'n rhaid i Wil ddangos ei ddawn fel pregethwr ar graig uwch y môr ym mherfeddion nos, a'r un oedd y bregeth bob tro: 'Y mae helgwn Duw yn cyfarth wrth dy sodlau, ddiengi di byth'. Pan fu Wil farw yn 1994 yr oedd yn golled fawr i mi.

Er gwaethaf holl dlodi eu magwraeth, daeth pob un o'r bechgyn yn rhan o'r gymdeithas gan gyfrannu'n helaeth i ddiwylliant y genedl. Am rai blynyddoedd bu tîm 'Y Brodyr James' yn cystadlu ar *Talwrn y Beirdd* y BBC a buont yn dra llwyddiannus. Yr oedd yr hynaws Sam, gŵr ffordd, Evan John, athro yng Nghastell-nedd, a James Morris, ffermwr yng Nghapel-y-wig, yn delynegwyr o fri, gan gyfrannu llawer i'w gwlad a'i diwylliant. Enillodd Glyn anrhydeddau lu am ei gyfraniad i fywyd Cwm Rhondda lle'r oedd yn gweithio fel peiriannydd yn y diwydiant glo. Bu'n aelod blaenllaw o Blaid Cymru ac yn Faer y Rhondda, a derbyniodd Fedal Syr Thomas Parry Williams yn yr Eisteddfod Genedlaethol yn 1991. Peiriannydd oedd Gareth hefyd a ddychwelodd i Aber-porth i ymddeol. Yn flaenor yn yr Hen Gapel ac yn arweinydd y gymuned, bob amser yn barod ei gymwynas, enillodd Gareth barch pobl Aber-porth yn fuan wedi iddo gyrraedd. Fel seren wib, byr fu ei ymddangosiad llachar, a bu farw'n sydyn pan oedd ond prin 70 oed, gan adael dim ond atgofion melys o gymeriad bywiog a hwylus.

Cafodd James Morris a minnau ein bedyddio ar yr un diwrnod gan y Parchedig Goodwin o Bencader. Yn amaethwr gwych ac yn gynganeddwr o fri, ni chrwydrodd Jim ymhell o'i gynefin, ond fel diacon ffyddlon yng Nghapel-y-wig y mae wedi cyfrannu llawer i'w gymdeithas.

Cyfaill oes arall a oedd ryw ddwy flynedd yn hŷn na mi oedd John David Owen Evans, Cnwcyrhyglyn – John Cnwc – a oedd yn byw rhyw ganllath o Fronlwyd. Yr oedd John yn nai i Syr David Owen Evans, aelod seneddol Rhyddfrydol dros Geredigion tan ei farwolaeth yn 1945. Sicrhaodd D.O., brawd Ben James, tad John, fod y crwt yn cael yr addysg orau, a bu yng Ngholeg Llanymddyfri ac yna ym Mhrifysgol Aberystwyth. Ni fu ei gyfnod yn Aber yn un llwyddiannus; yr oedd y temtasiynau yn ormod i John a dychwelodd i ffermio'r Cnwc. Bu farw flwyddyn wedi i mi ddychwelyd i Benmorfa, ac yntau'n ddim ond 68 oed. Colled i gapel a chôr a chwmni drama.

Y Capel

M EWN ardal wledig fel Penmorfa cyfrifid mynychu
lle o addoliad mor bwysig â mynd i'r ysgol
ddyddiol os nad yn fwy felly. Yn y fro yn y tridegau,
byddai'n anodd meddwl am un teulu Cymraeg eu hiaith
na fyddai'n mynychu'r gwasanaethau, hyd yn oed os mai
achlysurol oedd yr ymweliadau hynny. Gyda phoblogaeth
weddol sefydlog ymhell cyn dyddiau'r mewnlifiad o
estroniaid a gafodd gymaint o ddylanwad ar y gymdeithas
frodorol yn nes ymlaen yn yr ugeinfed ganrif, y capel
oedd prif ganolfan y gymdeithas. Yn 1938, er enghraifft,
yr oedd gan gapel Penmorfa 176 o aelodau cyflawn a nifer
fawr o addolwyr nad oedd yn aelodau. Ymysg y grŵp olaf
yr oedd gweision a morynion ffermydd yn arbennig, a
sicrhâi fod cynulleidfa weddol niferus ym mhob oedfa.
Gyda phregeth a chyfarfod gweddi, seiat a *Band of Hope*,
dosbarthiadau beiblaidd a cherdd, ynghyd â chyfarfodydd
cymdeithasol a diwylliadol, gellid dweud mai'r capel oedd
calon y gymdeithas.

Yr oedd addysg grefyddol a moesol yn nwylo'r eglwys,
ac am sawl noson yr wythnos yr oedd yn rhaid paratoi
ar gyfer cymanfaoedd canu, pwnc a dirwest. Ni allaf
honni i mi dderbyn llawer o fudd o ddiflastod y Gymanfa
Ddirwest. Byddai hon yn ymweld â gwahanol gapeli yn y

rhanbarth yn flynyddol, a heblaw canu caneuon dirwestol byddai'n rhaid adrodd ac ateb pwnc yn damnio pob peth oedd yn ymwneud ag alcohol. Fel arfer ceid oedfa bregethu ymfflamychol i ddiweddu, yn aml dan arweiniad y Parch. John Green, Twrgwyn – un o arweinwyr cenedlaethol y mudiad dirwest. Cawsom ein trwytho'n ifanc iawn mewn gelyniaeth at fragwyr a thafarnwyr, at feddwon a hyd yn oed at y bobl hynny a feiddiai yfed glasaid bach yn achlysurol. Cwrw oedd y gelyn pennaf, oherwydd yr oedd yn bosibl yfed tracht o wirod fel meddyginiaeth. Ni fu'r mudiad dirwest yn ddylanwad parhaol ar fy mywyd, er gwaethaf y ffaith fod tystysgrif llwyrymwrthod o'm heiddo a lofnodais pan oeddwn yn saith oed yng nghasgliad yr Amgueddfa Werin.

Uchafbwynt bywyd crefyddol y tridegau yn sicr oedd y Gymanfa Ganu flynyddol a gynhelir hyd y dydd heddiw ar ddydd Gwener y Groglith yn un o gapeli'r rhanbarth – Penmorfa, Twrgwyn, Llandysul, Bancyfelin a Chapel Drindod yn eu tro. Byddai'r plant yn perfformio yn oedfa'r bore a'r aelodau yn y prynhawn a'r nos, a chaed cinio a the yn y festri. Wrth gwrs am fisoedd cyn y gymanfa byddai sesiynau ymarfer – y Rihyrsals – yn niferus ac yn drwyadl, ac ar ddydd Cymanfa byddai pawb wedi gwisgo mor drwsiadus â phosibl, yn enwedig gwragedd capteiniaid llong Bancyfelin a ffwr dros eu hysgwyddau a neclis am eu gyddfau. Ar y diwrnod mawr roedd yn rhaid hurio bws neu fodur i gario'r gynulleidfa o fro i gapel.

Rhan bwysig iawn o ganiadaeth y cysegr hefyd oedd y dosbarthiadau Tonic Sol-ffa a gynhelid ymron pob capel yn y fro. Yn oedfa nos y gymanfa byddai un o gerddorion Penmorfa, sef yr annwyl John Lewis LTSC, Ffynnonfadog, yn cyhoeddi enwau'r buddugol o'r galeri.

O edrych ar y blynyddoedd cyn yr Ail Ryfel Byd, yr oedd rhywfaint o lewyrch y gorffennol wedi parhau i'r tridegau. Gyda chyfarfodydd gweddi a seiat a phulpud llawn bob Sul, yr oedd digon o hyder yn y fro. Yn 1932 rhoddwyd galwad i fachgen ieuanc, David Tudor Jones, brodor o Fwlch-llan yng Ngheredigion, i fod yn fugail Penmorfa a Bancyfelin. Byddai Tudor Jones yn fugail poblogaidd ac effeithiol, yn bregethwr o'r radd flaenaf ac yn gymeriad annwyl yng ngolwg ei holl aelodau. Dan ei weinidogaeth ysbrydoledig ef yr oedd llewyrch ar Benmorfa, nid yn unig fel man o addoliad ond hefyd fel canolfan gymdeithasol a diwylliannol i drigolion y fro. Yr oedd y cyfarfodydd diwylliadol a drefnwyd ganddo o safon uchel iawn ac fe gyflawnodd y bugail carismataidd hwn waith mawr ymysg ei braidd, yn enwedig ymysg y plant a'r bobl ifanc. Yn sicr yr oedd gan Tudor Jones yr holl gymwysterau personol a chyhoeddus a gyfrifid yn angenrheidiol i weinidog ac yr oedd llawer yn ei hanner addoli fel bugail a phregethwr. Daeth penllanw ei weinidogaeth pan agorwyd capel newydd yn 1939, a siom fawr i'r fro oedd ei benderfyniad i dderbyn galwad i eglwys Stanley Road yn Lerpwl yn 1940. Cynhaliwyd cyfarfod ymadawol iddo ar 22 Chwefror 1940 lle y talwyd teyrnged i'r anwylaf o bobl, a bu hiraeth mawr ar ei ôl ymysg aelodaeth ei ofalaeth gyntaf.

Ni allai pethau barhau ym Mhenmorfa fel cynt. Yr oedd mewnlifiad degau o 'evacuees' o Lundain a Lerpwl yn arwydd fod yna ryfel yn rhywle. Daeth iaith estron yn gyffredin yn yr ardal, ond sylweddolwyd fod yn rhaid gwahanu plant y fro oddi wrth y Saeson a pharatoi ysgol arbennig i'r rheiny yn festri Penmorfa. Nid oedd pethau'n gyfforddus iawn rhwng yr estroniaid a'r Cymry ifanc, a bu brwydro cyson rhyngddynt. Cofiaf yn iawn am y berthynas anghysurus rhwng Tommy Wright o Edmonton a minnau, er enghraifft. Ni fu'r bachgen fwy na blwyddyn fel efaciwî yn Fronlwyd.

Er i mi ddechrau fel disgybl yn ysgol Aberteifi yn 1940, parhaodd capel Penmorfa yn rhan bwysig o'm bywyd am ychydig eto. Ond yn araf bach gyda threigl amser dechreuodd yr amheuon, ac yn grwt deuddeg oed yr oeddwn yn ddigon hy i gwestiynu hen seintiau'r fro ynghylch eu syniadau henffasiwn a digyfnewid. Heb ryw lawer o feddwl, byddem yn herio'r henoed a oedd yn barod i ymgymryd â'r gwaith anodd o fod yn athrawon ysgol Sul, gan ddelio â hogiau a gredai eu bod yn gwybod y cwbl wedi mynd i ysgol y dre. O leiaf byddem yn cael ein cefnogi i feddwl yn ddwys am bethau mawrion bywyd gan weinidog newydd Penmorfa a Bancyfelin a ddaeth, yn fab ffarm, o ardal Llansteffan yn sir Gaerfyrddin yn 1942. Yr oedd y Parch. W. T. Phillips yn ŵr digyfaddawd nad ofnai neb na dim, a byddai'n datgan ei farn heb flewyn ar ei dafod. Er mai dim ond rhyw bedair blynedd y bu ym Mhenmorfa cafodd ddylanwad mawr arnaf fel crwt yn fy arddegau. Parhaodd y cyfeillgarwch a'r dadlau rhyngom hyd at ei farwolaeth annhymig yn 1963. Pan oeddwn ar staff Prifysgol Reading o 1953 i 1960 yr oeddwn yn ymwelydd cyson ag eglwys Seion Hammersmith lle'r oedd ef yn weinidog mor radical ac effro ei feddwl ag erioed. Ef a fedyddiodd David Huw, ein mab hynaf, yn 1955.

Ond i fynd yn ôl i'm plentyndod ym Mhenmorfa. Yr oedd yr ysgol Sul yn bwysig iawn yng ngweithgarwch y capel, ac yn 1939, er enghraifft, yr oedd yna chwe dosbarth o blant ac wyth dosbarth o oedolion. Uchafbwynt y gweithgarwch oedd Cymanfa Bwnc y Llungwyn a gynhelid am yn ail ym Mhenmorfa a Bancyfelin, Llangrannog. Yn y bore, byddai aelodau un o'r capeli'n mynd trwy eu gwaith, yn adrodd neu'n llafarganu darn o'r ysgrythur, yn canu emynau ac anthem, ac yna câi'r gynulleidfa ei holi gan bregethwr gwadd: plant yn gyntaf, yna'r oedolion. Gallai'r dadlau fynd yn ffyrnig iawn mewn Cymanfa Bwnc. Yn y prynhawn byddai aelodau'r capel arall yn perfformio, ac yn oedfa'r nos ceid dwy bregeth gan ddau arholwr y dydd. Pe na bai hynny'n ddigon, roedd yn rhaid cael cwrdd pwnc ar brynhawn dydd Nadolig a phregeth yn yr hwyr. Nid gŵyl o loddesta oedd Nadolig fy mhlentyndod.

Ar ben y cwbl byddai'n rhaid cael cwrdd pwnc arall ar noson o Fedi, 'yr Ysgol yn Ateb', ond yr achlysur mwyaf diflas o'r cwbl i mi oedd y dosbarthiadau beiblaidd lle caem ein paratoi at arholiadau sirol blynyddol yr Eglwysi Methodistaidd. Bu'n rhaid mynd i 'ysgolion bach' o leiaf unwaith yr wythnos am wythnosau lawer cyn wynebu'r arholiad ysgrifenedig yn y festri ar noson o Fawrth ac unwaith enillais yr ail wobr o bum swllt yn yr arholiad dan 13 oed. Roedd rhai o'r athrawesau'n cyfrif yr arholiad sirol fel achlysur pwysig iawn a dilynid rheolau caeth ar y noson dyngedfennol. Yr oedd un athrawes, Miss Anne Jones, wedi ymddeol o fod yn brifathrawes Ysgol Babanod Cwm-parc yn y Rhondda ac wedi dychwelyd i'w hen gartref. O fewn wythnos yr oedd yng ngofal plant Penmorfa, yn berson didwyll, efallai, ond yn ddihiwmor ac yn credu mewn disgyblaeth lem, a hyd yn oed binsiad fach i fraich. Yn fuan iawn torrodd Anne Jones grib yr anystywallt a'u gorfodi i feddwl am bethau uwch. 'Dim fel yna fyddai plant Cwm-parc yn bihafio' oedd ei chŵyn cyson. Gallaf ddeall pam.

Arwyr mawr fy mhlentyndod oedd pregethwyr, a chyda phulpud Penmorfa yn cael ei lenwi bob Sul, yr oeddwn yn gyfarwydd iawn â chroesawu gweinidogion o bob rhan o'r wlad. Byddai Mam yn ei thro yn rhoi llety i gennad y Sul, ac yn aml byddai'r rhai a ddeuai o bell yn cyrraedd ar y Sadwrn ac yn aros tan y Llun. Bob Sul byddai Fronlwyd yn 'cadw'r mis' yr oedd yn achlysur o bwys, gyda'r llestri gorau'n cael defnydd pan fyddai pregethwr wrth y bwrdd. Roedd yn rhaid bwyta yn yr ystafell orau, nid yn y gegin fel y gwnaed fel arfer; byddai'r pwdin reis yn cael ei baratoi, ynghyd â chwstard wy yn ychwanegol, a byddwn yn gorfod dysgu bendith fer i'w thraddodi cyn y bwyd, gorchwyl nad oeddwn yn rhyw hoff iawn ohoni.

Wrth gwrs yr oedd digonedd o weinidogion a phreg-ethwyr lleyg yn y fro. Yr oedd capeli cymharol fychan fel Capel Ffynnon, y Neuadd a Phensarn yn ofalaeth llawn amser i'r Parch. Robert Rees; Twrgwyn a Salem i'r Parch. John Green, a Thanygroes a Watchtower yng ngofal y Parch. M.P. Morgan. Ym Mhenmorfa yr oedd y Parch. Tudor Jones yn gwasanaethu. Yr oedd gan bob enwad arall eu gweinidogion niferus, megis y Parch. D.J. Hughes yng Nglynarthen a Brynmoriah, ac roedd yna nifer dda o weinidogion wedi ymddeol, megis y Parch. Dafydd Morgan o Aberteifi, O.J. Robinson o Aber-porth a Jacob Thomas o Dresaith a oedd bob amser yn barod i lenwi pulpud. Mor ddiweddar â 1960 yr oedd cynifer â 18 o weinidogion llawn-amser yn gweithio yn Henaduriaeth De Ceredigion. Daeth tro ar fyd a dim ond dau weinidog Methodist a erys yn y rhanbarth hwnnw. Mae pulpudau a chapeli llawn fy ieuenctid wedi diflannu'n gyfan gwbl. Tan yr Ail Ryfel Byd yr oedd capeli cefn gwlad Cymru yn ddigon llewyrchus, yn hwylio ymlaen yn ddigon

Pentref Llangrannog tua 1890.
Rock Terrace, cartref tad-cu'r awdur, yw'r ail dŷ ar y dde.

Yr awdur yn naw mis oed.

Yr awdur yn ddwy oed ar fwrdd yr
SS Llanover yn nociau Port Talbot.

David Jenkins (tad-cu yr awdur)   David James Jenkins (tad yr awdur)

Fy hen dad-cu, Capten Joseph Jenkins (ail o'r chwith),
gyda'i gyd-gapteiniaid ar draeth Llangrannog tua 1895.

Cerdyn post yn dangos Station Street, y Porth, Rhondda.

Wncwl Joe (Joseph Jenkins),
siopwr a fu'n gweithio yn y
Porth, Rhondda, cyn dychwelyd
i Langrannog fel groser a
pherchennog caffi.

Teulu Penbont, Penbryn, mam yr awdur, tua 1900.
Benjamin Thomas, tad-cu; Hettie (Esther Elen, Castell Nadolig)
modryb yr awdur yn sefyll; Siân (Jane) Thomas, mam-gu, yn magu Evan
(a fu farw'n 3 oed); Mary Jane, mam yr awdur, yn eistedd yn y blaen.

Rhieni'r awdur
ar ddiwrnod eu priodas, 1912.

David Lewis Jones (ewythr yr awdur) ac Ann Jones (modryb yr awdur, chwaer hynaf ei fam) siopwyr yn Llundain a Thywyn, gyda'u plant Annie, David William a Gwen, Nadolig 1921.

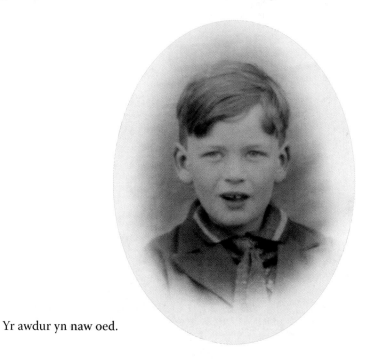

Yr awdur yn naw oed.

Yr *SS Llanberis*, un o longau tramp Evan Thomas Radcliffe.
Bu tad yr awdur yng ngwasanaeth cwmni Radcliffe am 30 mlynedd.

Dilys Rees (1914–87),
chwaer hynaf yr awdur
ar ddydd ei phriodas â
David Tom Rees
(1924–94).

Ysgol Penmorfa, 1938. Yr awdur yw'r pedwerydd ar y chwith yn yr ail res.

Tywyn, y ci Airedale a
fu'n gydymaith cyson
hyd nes i'r awdur fynd
i'r coleg.

Timotheus (1982–98), cath bedigrî Birman,
a'r olaf yn yr olyniaeth hir o gathod a fu yn nheulu'r awdur.

cyfforddus heb fawr ddim i darfu ar yr heddwch. Gwelwyd eisoes fod y capel yn ganolfan ddiwylliannol ac adloniadol, yn ogystal â bod yn fan o addoliad, a byddai rhywbeth yn cael ei gynnal yno bob noson o'r wythnos. Ar nos Lun cyntaf y mis cynhelid cyfarfod gweddi cenhadol, a seiat neu gyfarfod gweddi bob nos Iau. Rhwng y ddau ryfel yr oedd llewyrch a hyder ym mywyd yr eglwys; digon o hyder mewn ambell fan i adnewyddu adeiladau, megis Twrgwyn yn 1932, Penmorfa yn 1939, Bethesda, Ponthirwaun yn 1935 a Blaenwenen yn 1938.

Yn byw mewn ardal wledig ar arfordir Ceredigion, heb ryw lawer o gyfle i grwydro oddi yno ond yn achlysurol, cyfyngedig oedd y byd i grwt ei filltir sgwâr o Benmorfa. Ymhlith fy arwyr yr oedd ambell berson a darddai o'r gymdeithas glòs honno. Sam Evans, Glasfor, er enghraifft, dyn y ffordd a'm dysgodd i nofio a reparo beic, a chanddo storïau di-rif am frwydrau Fflandrys yn y Rhyfel Byd Cyntaf. Aelod o'r Pioneer Corps oedd ef a nifer o'i gyfoedion yn y fro, ond i mi yr oedd yn gadfridog. A dyna Elias Evans, gŵr Anti Rachel, modryb fy nhad, a aeth i'r môr o Ynys Lochtyn yn naw oed ar un o longau hwyliau Ceinewydd ar ei fordaith gyntaf i Lorenzo Marquils yn nwyrain Affrica. Er ei holl siarad am y môr a'r byd, ni phasiodd Elias unrhyw arholiad erioed, er ei fod yn hoffi cael ei annerch fel 'Capten'.

Ond wrth gwrs blaenoriaid y sêt fawr oedd cymeriadau amlycaf y fro yn ystod fy llencyndod; wedi'r cwbl roedden nhw'n bobl o statws a ddewiswyd i arwain y gymdeithas, yn enwedig os oedd eu teuluoedd estynedig yn niferus ac yn cario llawer o bleidleisiau. Yr oedd chwennych lle yn y côr mawr yn beth cyffredin, a chariai Penmorfa nifer o aelodau anhapus nad oedd wedi cael eu dewis i wasanaethu. Yn fy nyddiau i, yr oedd o leiaf dri o'r blaenoriaid wedi treulio tymor yn y gwaith glo, ac o'r herwydd tybiwyd fod treulio cyfnod yn un o'r llu o gapeli enfawr y Rhondda wedi bod yn brentisiaeth arbennig i unrhyw aelod o'r gymdeithas wledig fu'n gwasanaethu ym mhyllau de Cymru. Un felly oedd David Lewis, Llain Sarnau, un o deulu niferus a fu'n bwysig yn y capel ers ei sefydlu yn 1798. Byddai pob dadl ysgol Sul a phrofiad seiat yn gorffen yng nghapeli Tylorstown a Ferndale. Y prif flaenor yn ystod fy mhlentyndod oedd David Davies, Troed-y-rhiw, gŵr pwysig a di-hiwmor a'i lais yn grynedig pan fyddai'n gweddïo neu'n trafod materion eglwysig. Yn ddiweddarach, pan oeddwn yn y coleg, sylweddolais fod tipyn mwy i David Davies na sych dduwioldeb. Am flynyddoedd cyn priodi Elizabeth, merch liwgar a phenderfynol Troed-y-rhiw, bu'n gweithio fel saer maen yn y Rhondda gan fwynhau partïon ac ymlacio yn ogystal â bod yn Fedyddiwr digon selog. Yn y *saddle room*, ymhell o dwrw ei wraig a'i ferch Sarah, byddai wrth ei fodd yn adrodd storïau am fywyd y Rhondda ac yn lleisio'i farn ar broblemau'r byd.

Aelod o hen deulu Treddafydd oedd John Griffiths, amaethwr a chanddo gof aruthrol. Yr oedd yn ffefryn fel athro ysgol Sul, yn ddarllenwr mawr ac yn barod i holi pawb am eu hynt a'u helynt yn ogystal â'u holi am hanes yn gyffredinol. Ond un arall o hen deuluoedd Penmorfa oedd y mwyaf annwyl ohonynt i gyd. Yr oedd Alban Parry yn gerddor tan gamp, ac yn hoff iawn o geisio rheoli dosbarth ysgol Sul o fechgyn ifanc.

Gwnaeth y rhain, fel y cenedlaethau o'u blaen ac ar eu hôl, gyfraniad mawr i lewyrch capel Penmorfa, ond yn sicr nid oedd yn ddim byd tebyg i gyfraniad David Owen Evans, aelod seneddol sir Aberteifi a brodor o

Benmorfa. Cyfrannodd yn helaeth i'r eglwys, yn enwedig pan ailadeiladwyd y capel yn 1938. Bob Sul byddai ef a'i briod, a phwy bynnag a fyddai'n aros gyda nhw yn Rhydcolomennod – pobl fel David Lloyd George a'r Athro W. J. Gruffydd – yn dod i Benmorfa yn eu car Buick, a gyrrwr proffesiynol o'r enw Evan Davies yn gyrru. Byddai D.O. bob amser yn eistedd yn y côr mawr ac yn ysgwyddo dyletswyddau'r codwr canu.

Uchelgais nifer o aelodau oedd cael eu hethol yn flaenor. Yr oedd canfasio am bleidleisiau yn ddigon cyffredin, ac yn ystod y cyfnod yn arwain at etholiad byddai presenoldeb mewn pob math o oedfa'n cynyddu, a mynychu tafarn ar ddiwrnod ffair a marchnad yn lleihau. Yr oedd brwydro am statws yn bwysig dros ben i wŷr a gwragedd. Cofiaf un etholiad ym Mhenmorfa yn 1940 pan gollodd un ffermwr blaenllaw y dydd, ac yntau a'i deulu wedi bod yn mynychu pob cyfarfod ac wedi cynyddu eu cyfraniadau ariannol yn sylweddol. Siom a gafwyd, yn enwedig pan etholwyd labrwr a phostman, a dyna ddiwedd ar y cyfathrachu rhwng y ddau deulu hynny am dros ddeugain mlynedd.

Erbyn hyn rwyf finnau'n flaenor ym Mhenmorfa ac yn ysgrifennydd yr eglwys, ond ofnaf mai dim ond yr ychydig sy'n barod bellach i ymgymryd â'r gwaith diflas o geisio cadw eglwys fechan yn fyw. Ni allaf ddirnad pam roedd rhai o'n cyndeidiau'n chwenychu'r fath swydd.

Bu John Lewis yn ffermio Ffynnonfadog nid nepell o'm cartref, a phan oeddwn yn ifanc iawn byddwn yn treulio oriau yn ei gwmni naill ai ar glos y fferm neu allan yn y caeau. Yr oedd yn storïwr tan gamp a'i wybodaeth am fywyd ardal Penmorfa, ei phobl a'i thraddodiadau, yn anhygoel. Yn athro ysgol Sul a cherddor, yn flaenor ac yn ysgrifennydd eglwys Penmorfa am flynyddoedd lawer, yr oedd yn uchel ei barch yn y gymdeithas wledig. Yr oedd yn arweinydd corau ac yn feirniad cerddorol, yn Ustus Heddwch ac yn arholwr Tonic Sol-ffa dros ran helaeth o dde Ceredigion. Am rai blynyddoedd cefais y fraint o wasanaethu gydag ef fel ysgrifennydd cyhoeddiadau'r capel, ac o fewn amser ei ddilyn fel ysgrifennydd cyffredinol. Pan gefais fy nharo'n wael a chael llawdriniaeth yn 1995–6, byddai John yn ymweld â mi yn ddyddiol gan godi fy nghalon â'i storïau. Yr oedd yn eisteddfodwr pybyr ac yn aelod o'r Orsedd dan yr enw Ioan Madog. Am gynnau ynof ddiddordeb yn y diwylliant Cymraeg mae fy nyled i'r gwerinwr diwylliedig hwn yn fawr iawn.

Y Teulu

HANA fy nheulu o'r ddwy ochr o ardal arfordirol Penbryn a Llangrannog, a gwreiddiau dwfn yn mynd yn ôl am ganrifoedd lawer yn y fro, er crwydro mynych rhai aelodau o'r teulu i bellafoedd byd. Cynnyrch ei gyfnod a'i amgylchfyd yw pob un ohonom ac mae pob un ohonom yn wynebu elfennau estron sy'n atal bywyd rhag bod mor hawdd a hapus ag yr hoffem.

Dyma fi, er enghraifft, yn berchen graddau prifysgol ac yn byw bywyd academig, wedi gorfod ymdopi ag amgylchiadau hollol wahanol i'r problemau a wynebai David Jenkins, Plasbach, Penbryn, fy hen hen hen dad-cu, a geisiodd ennill rhyw fath o fywoliaeth o chwe erw o dir garw a chwch pysgota ysgadan. Yr oedd ef eto yn dra gwahanol i'w fab Joseph, morwr llawn amser nad oedd ganddo ddiddordeb o unrhyw fath yn y tir. Hwn oedd y cyntaf o'n teulu i wlychu ei draed, a hwn a sicrhaodd ei fod ef a'i deulu'n ymfudo o ardal wledig amaethyddol Penbryn i bentref morwrol Llangrannog. Broydd agos o ran pellter ond hollol wahanol eu naws a'u personoliaeth.

TEULU 'NHAD

Ganwyd fy nhad, David James Jenkins, ym Medi 1885 yn drydydd mab i David a Mary Anne Jenkins. Merch fferm

'Y Top', tyddyn yn ardal Bryngwyn ger Henllan oedd
Mam-gu; gwraig hynaws a charedig a wynebodd fywyd o
afiechyd a thrafferthion anhygoel. Pan oedd ei phriod tua
deugain oed, trawyd ef gan barlys – *creeping paralysis* – a
gipiodd ei fywyd pan oedd ond yn bedair a deugain, ac a
adawodd Mam-gu yn wraig weddw â chwech o blant, pob
un o dan ddeuddeg oed. Morwr a meistr llongau bychain fel
y *Speedwell* oedd Dad-cu hyd nes iddo gael ei daro'n wael,
a phan fu farw yn 1894 yr oedd un mab eisoes ar y môr
– John Jenkins (fy Wncwl Jack) a anwyd yn 1882. Yna yr
oedd Joseph ddwy flynedd yn iau, fy nhad (ganwyd 1885),
Benjamin, Rachel Ann (ganwyd 1887) ac Evan (ganwyd
1889). Yr oedd yn rhaid i bob un o'r plant o gartref tlawd
Troedrhiwgam fynd i weithio. Yn ddeg oed aeth Jack yn
forwr ar un o longau Ceinewydd. I'r Porth yn y Rhondda
yr aeth Joseph i weithio mewn siop groser. Aeth fy nhad i'r
môr fel hogyn – 'deck hand and cook' ar y *Foxglove*, llong
hwyliau tri chan tunnell dan gapteiniaeth James Davies
(Capten Twba) Gwynfan, Rhydlewis, am dâl o bymtheg
swllt y mis, ac un o griw o naw o dde Ceredigion. Byddai'r
Foxglove yn hwylio'n gyson o borthladdoedd Prydain i dde
America – i Ariannin a Pheriw, o borthladdoedd allforio
guano Ynysoedd y Chincha, Valparaiso a Callao. Rhyw 300
tunnell oedd ei maint, eto i gyd fe'i defnyddiwyd yn gyson
ar fordeithiau 'rownd yr Horn' lle ceid stormydd aruthrol.
Mordaith gyda chargo o lo Caerdydd, ac yna mewn balast
o Buenos Aires i Callao ac yn ôl i Lerpwl, oedd profiad
cyntaf fy nhad o forwriaeth. Wrth gwrs nid oedd llawer o
ddewis gan aelodau amddifad o deuluoedd Llangrannog.
Er i 'nhad weithio ambell i ddiwrnod ar ffermydd
Nantybach ac Erwan Fach fel bugail, buan y sylweddolwyd
nad oedd iddo unrhyw ddyfodol mewn amaeth. Cyndyn

iawn oedd ffermwyr i gyflogi plant pentre glan môr, ac yr oedd tipyn o ddrwgdeimlad rhwng gwladwr a phentrefwr. Bu'r agwedd honno'n nodweddiadol o berthynas pobl y glannau a'u cymdogion dros y canrifoedd. Medd Basil Greenhill:

> Once caught, the individuals, their families and social groups, the very communities from which they came, became more isolated, more cut off from the normal society of the land and of landward living communities . . . Between them and the landsman . . . there was a kind of alienation.

I Jack, David a Ben Troedrhiwgam nid oedd unrhyw ddewis o alwedigaeth ond morwriaeth. Hwyliodd y *Foxglove* o Gaerdydd ar 6 Mai 1887, ac os cofiaf yn iawn nid oedd fy nhad yn abl i ferwi wy; y mae'n anodd meddwl fod yr holl goginio ar gyfer criw o naw yn nwylo rhyw hogyn nad oedd wedi dangos unrhyw ddiddordeb yn y grefft.

Parhaodd y fordaith gyntaf am dros flwyddyn ond yr oedd yn rhaid dychwelyd i Ynysoedd y Chincha eto i gasglu'r mwyaf budr o lwythi. Roedd yr ynysoedd *guano* hyn yn afiach dros ben, a chaethweision o China yn llwytho'r llongau niferus a fedrai angori am fisoedd cyn i'r llwytho ddechrau. Wrth ddychwelyd i Brydain aeth y *Foxglove* i drafferthion ger ynys Tobago. Mewn storom aruthrol yr unig arwydd bod trybini ar y gorwel oedd gweld y Capten yn ei grys gwlanen a'i ddrafers yn gweiddi 'Jwmpwch, bois, mae'n sinco!' Trwy lwc fe achubwyd yr holl griw, ond bu'n rhaid iddynt dreulio peth amser yn y carchar yn hytrach na gwesty i ddisgwyl llong o Brydain i alw amdanynt. Wrth gwrs doedd dim cwestiwn o segura gan mai *distressed sailors* oeddynt, ac roedd yn rhaid 'gweithio pasej'. Bu Capten Twba fyw yn hen yn ardal Rhydlewis, yn ŵr parchus ac yn gapelwr selog.

Fel llawer o'i gyfoedion, digon caled fu bywyd fy nhad. Wynebodd ddau ryfel byd a thlodi a dirwasgiad y dauddegau. Sâl fu ei gyflog a garw oedd y bywyd a'r bwyd ar longau tramps Caerdydd a oedd yn enwog am gynildeb eu perchnogion. Yn 1901 ffarweliodd fy nhad â'r llongau hwyliau a gwasanaethu o hynny ymlaen ar longau stêm fel ei frawd Jack. Erbyn iddo ymddeol fel meistr y *Peterston* yn 1958 yr oedd wedi cwblhau trigain mlynedd ar y môr; gyrfa hollol nodweddiadol o fechgyn glan môr pentre fel Llangrannog. Heb lawer o addysg ffurfiol, yr oedd capteiniaid Llangrannog yn niferus. Yn ysgol Pontgarreg, lle y cafodd bechgyn Troedrhiwgam eu haddysg, yr oedd morwriaeth yn rhan hanfodol o'r cwricwlwm. Cyn cyfnod fy nhad, bu Miss Sarah Jane Rees (Cranogwen), teyrn o fenyw, yn brifathrawes yn yr ysgol am rai blynyddoedd, ac un o'i phrif ddyletswyddau oedd dysgu morwriaeth (*navigation*) i hogiau'r fro.

WNCWL JAC

Yr oedd fy Wncwl Jac yn gymeriad. Dyn mawr yn smocio un Craven A ar ôl y llall ac yn gallu claddu whisgi fel dŵr. Ef oedd yr hynaf o frodyr fy nhad, a ganwyd ef ym mwthyn Troedrhiwgam yn Llangrannog yn 1882. Pan oedd yn ddeg oed aeth i'r môr ar un o longau'r Cei am dâl o chweugain y mis, a phan oedd ond yn saith ar hugain oed enillodd ei dystysgrif fel meistr ar longau hwyliau ac ager. Yn yr un flwyddyn bu'n hynod o ffodus i gael capteiniaeth un o longau Evan Thomas Radcliffe – y *Llangollen*. Yn y cyfamser priododd ag un o ferched dociau Caerdydd, sef

Emma Maria Bartlett, fy Anti Em, a siaradai yn nhafodiaith goeth Tiger Bay. Roedd brawd fy Anti Em yn un o gymeriadau enwocaf y dociau, oherwydd ef oedd gofalwr a phrif swyddog y Gyfnewidfa Lo yn Sgwâr Mount Stuart. Yn y 1980au yr adeilad ysblennydd hwnnw oedd i fod yn gartref i senedd Cymru, ond tan 1939 yr *Exchange* yn sicr oedd canolfan y fasnach lo fyd-eang ac yr oedd aelodaeth o'r gyfnewidfa yn hanfodol i ddynion busnes y ddinas.

Yr oedd y *Llangollen* yn un o'r 35 llong ym mherchnogaeth Evan Thomas Radcliffe, ac fe'i hadeiladwyd yn Stockton-on-Tees yn 1900. Fel y gweddill o longau Radcliffe ei phrif waith oedd cario glo o Gaerdydd i borthladdoedd y Môr Canoldir, gan ddychwelyd i Hamburg, Antwerp neu Amsterdam gyda grawn o borthladdoedd y Môr Du – lleoedd fel Odessa a Nikolaief. Ar ôl dwy flynedd ar y *Llangollen* aeth Wncwl Jac yn feistr ar y *Llandrindod*, llong a oedd yr un peth yn gywir â'r *Llangollen*. Hwyliodd honno tan y flwyddyn dywyllaf yn hanes morwriaeth Prydain, 1917, pan y'i suddwyd ym Môr Iwerydd. Erbyn hynny yr oedd Jac wedi newid ei gwmni oherwydd yr oedd gan Henry Radcliffe, sylfaenydd y cwmni enwocaf yng Nghaerdydd, a'i frawd Daniel, frawd arall o'r enw Charles a sefydlodd gwmni annibynnol yn 1901. Yr oedd ganddo bum llong sylweddol erbyn 1914 pan ymunodd Jac â'r cwmni fel meistr y *Snowdon*. Bu'r diweddar Capten John Owen Davies, Ffynnonwen, Penmorfa, un o flaenoriaid y capel, yn swyddog gyda'r cwmni am rai blynyddoedd. Yn y dauddegau, pan oedd pethau'n anodd ar berchnogion llongau Caerdydd, bu Charles Radcliffe yn ffodus i oddiweddyd y storm ond yna bu farw ym 1926. O ganlyniad gwerthwyd yr holl longau ac yr oedd Jac, fel miloedd o forwyr eraill, yn ddi-waith, heb obaith am long arall. Symudodd o Gaerdydd i Fryste i redeg tafarn yn ardal y dociau ond ni fu'n llwyddiannus iawn fel *landlord*; efallai ei fod yn rhy hoff o'r cynnyrch y ceisiai ei werthu. Erbyn 1920 yr oedd yn ôl ar y môr, a'i wraig yn ôl yng Nghaerdydd, ond y tro hwn yr oedd Jac yn feistr ar longau o Antwerp yng ngwlad Belg – llongau fel y *Normandie* a hwyliai'n rheolaidd i'r Belgian Congo. Yn 1939 ymunodd â'r Llynges Brydeinig fel ei swyddog yn nociau Caerdydd a daliodd y swydd honno drwy gydol y rhyfel.

WNCWL JOSEPH

Ni allai neb ddweud fod ail fab Troedrhiwgam yn ŵr hapus fel ei frawd hynaf. Yr oedd yn wahanol i weddill y teulu gan ei fod yn mynychu capel Presbyteraidd Bancyfelin, ac yn ifanc iawn daeth dan ddylanwad Cranogwen a'r mudiad diwestol. Bu'n ddirwestwr pybyr trwy ei oes, ac un diwrnod, pan ddangosodd fy nghyfnither Joan fedal cwmni Guinness ar ffurf glasaid o'r hylif du bendigedig iddo, cipiodd Wncwl Joe honno a rhoi medal Thomas Charles o'r Bala yn ei lle.

Groser oedd Wncwl Joe, ac wedi cyfnod yn un o siopau mawr y Porth, dychwelodd i Langrannog i redeg bwyty a siop. Roedd yn briod ag un o ferched Llangrannog – Letitia, gwraig flaenllaw yn y capel ac yn y gymdeithas. Fel plentyn yr oeddwn yn ei hofni hi a'i thafod llym, ac yn ei hofni'n llawer mwy yn ddiweddarach pan welodd fi'n tywyllu drysau y Ship Hotel. Treuliai lawer o'i hamser yn edrych dros fur gardd Glynafon a wynebai glos y Ship. Yr oedd Joseph yn flaenor ym Mancyfelin ac yn gerddor penigamp a ddysgodd y sol-ffa i genedlaethau o blant yr eglwys. Bu farw yn 58 mlwydd oed gan adael ei briod Letitia, ei ferch

Marian (Mrs Marian Lloyd Davies, Glynafon) a mab, y Capten Gwyn Jenkins, i alaru ar ei ôl. Yr oedd gan Marian dri o blant, Alban, Elgan a Bryan, ac yr oedd gan Gwyn ddau fab, Clwyd a Gwyn. Claddwyd Gwyn, a oedd yn feistr llong ar Ynys Sumatra, pan oedd ar ei fordaith gyntaf fel capten llong olew yn 1953.

WNCWL EVAN

I mi, ymwelydd haf oedd brawd ieuengaf fy nhad, Evan Jenkins o'r Porth yn y Rhondda. Groser oedd yntau hefyd ond collodd ei olwg yn gyfangwbl pan y'i clwyfwyd yn ddychrynllyd ar y Somme yn 1917. Gŵr hynaws a thawel oedd Wncwl Evan yn llawn hiwmor am y byd a'i bethau, yn eglwyswr pybyr a'i ffydd yn sicr ac yn un na ddaliai unrhyw ddig er gwaethaf ei glwyfau. Gwerthfawrogai wasanaeth mudiad St Dunstans, ac yn ei fyd yr oedd yn hollol hapus.

Er bod Wncwl Evan yn Gymraeg ei iaith, nid felly ei wraig, Anti Gwendo, na'i fab Raymond yr oeddwn yn gorfod edrych ar ei ôl pan dreuliai'r teulu rai wythnosau yn ystod yr haf yn Llangrannog. Datblygai anghydfod rhwng Raymond a minnau yn gyflym gan nad oedd llawer yn gyffredin rhyngom. Yr oedd ef ddwy flynedd yn hŷn na mi a graddiodd ym Mhrifysgol Caerdydd. Apwyntiwyd ef yn athro Cemeg yn ysgol Ferndale. Yn briod, a chanddo un ferch, bu farw o gancr yn 29 mlwydd oed gan adael Wncwl Evan, a oedd eisoes wedi colli ei briod, yn unigrwydd ei ddallineb.

ANTI RACH

Yr oedd Rachel Ann, unig chwaer fy nhad, ryw ddwy flynedd yn iau nag ef, ac yn byw yn Rock Terrace gyda'i thair merch, Bethan, Morfydd a Joan. Hi oedd craig sefydlog y teulu. Collodd ei gŵr, Capten Johnny Davies, ryw bum mis cyn genedigaeth ei thrydedd merch, a chafodd fywyd digon tlawd ac anodd. Eto, er gwaethaf popeth, yr oedd yn wraig hapus a chymdeithasol ac yn barod ei chymwynas. Am flynyddoedd bu'n organyddes yn yr eglwys leol.

BEN

Yr oedd Ben, fy ewythr arall, yn forwr hefyd ond bu farw yn 17 oed a'i gladdu yn Antwerp yng ngwlad Belg. Yr oedd damweiniau ar y môr yn niferus yn oes aur y llongau hwyliau, ac mae beddau llongwyr Llangrannog i'w gweld mewn llawer i borthladd pell.

DAD-CU

Os profodd fy nhad galedi ar y môr, doedd hwnnw'n ddim i'w gymharu â chaledi dychrynllyd cyfnod David Jenkins, fy nhad-cu. Trasiedi oedd bywyd i'r teulu a ddibynnai ar y môr am eu bywoliaeth. Yr oedd pedwar brawd:

John (1852–1885) a foddodd ger Rio de Janeiro
James (1853–1887) a foddodd ar fordaith o Java i
    Queenstown
Joseph (1855–1893) a foddodd ger Ynysoedd Scilly ar
    fordaith o Valparaiso i Gaerdydd
David (1850–1896) a fu farw yn Llangrannog

Wrth gwrs, hwylio ar led i bellafoedd y ddaear oedd y rhain, fel eu cyfoedion, ac er bod rhyw hanner dwsin o longau mawr ym mherchnogaeth pobl Llangrannog, ar longau Ceinewydd yr hwyliai'r rhan fwyaf o forwyr y pentre; llongau fel yr *Hetty Ellen*, y *Nymph* a'r *Pacific*, a oedd yn berchen i David Davies ac a hwyliai i bob rhan o'r byd – pob un â chriw o bentrefi glan môr fel Llangrannog.

HEN DAD-CU

Morwr hefyd oedd fy hen dad-cu Joseph Jenkins a anwyd yn 1829 ym mwthyn bychan Plas Bach, nid nepell o draeth Penbryn. Yno bu ef a'i bedwar mab a thair merch fyw cyn symud i bentre Llangrannog tua 1855. Yr oedd Joseph yn bysgotwr sgadan o draeth Penbryn ac yn berchen ar slŵp fechan y *Rachel* (wedi ei henwi ar ôl fy hen fam-gu) a hwyliai'n gyson o draeth Penbryn. Yr oedd Llangrannog, ryw ddwy filltir i'r gogledd, yn weddol lewyrchus gyda nifer o longau ym mherchnogaeth y pentrefwyr, a diwydiant adeiladu llongau wedi ei sefydlu yno. I fwthyn to gwellt y Rhip, ar lan y don, y symudodd y teulu gyntaf, ond yn fuan a'i fasnach yn llwyddo, adeiladodd Joseph dŷ teras yn wynebu'r traeth a'i enwi'n Rock Terrace. Efallai fod hwn yn llawer rhy gyfleus i'r Pentre Arms.

Tra oedd yn byw gerllaw Penbryn, y *Rachel* oedd yr unig long oedd ganddo, ac yr oedd y traeth anghysbell, agored yn hollol anaddas i ddatblygiad unrhyw fath o borthladd. Adeiladodd Joseph long newydd, yr *Eliza Jane*, yn Aberteifi yn 1859, ac am flynyddoedd bu ef a chriw o dri yn hwylio'r glannau gan gario pob math o gargo o galch o dde sir Benfro i gwlwm o faes glo caled de Cymru – o borthladdoedd Abertawe, Penbre a Hook yn fwyaf arbennig. Hwyliai yn gyson hefyd i Borthmadog a Chei Connah, i Lerpwl a Bryste, naill ai i gario nwyddau i'w mewnforio, neu ar siartr i eraill.

Heblaw'r *Eliza Jane* bu'n berchen ar longau eraill hefyd, ond byr fu ei berchnogaeth ohonynt. Efallai mai gŵr anffodus ac anghyfrifol oedd Joseph oherwydd buan y collodd yr *Eliza Jane* a'r *Mary* (*Mari Fach*), slŵp o 35 tunnell, a'r llongau heb eu hyswirio i hwylio ym misoedd y gaeaf.

Dyn y glannau oedd Joseph Jenkins a'r cyntaf o'm cyndeidiau i fyw yn forwr llawn amser. Nid oedd anifail na thyddyn yn agos ato ef, yn dra gwahanol i'w dad David Jenkins, tyddynnwr a geisiai ennill rhyw fath o fywoliaeth allan o chwe erw o dir, ac a weithiai'n achlysurol ar ffermydd y fro adeg y cynhaeaf gwair ac ŷd. Fel llawer o'i gyfoedion a oedd yn byw o fewn ergyd carreg i draeth, yr oedd ganddo gwch pysgota ac am rai misoedd yn yr hydref a'r gaeaf cynnar byddai'n ceisio esmwytháu ei fywyd yn y bwthyn 'dau ben' trwy ddal a gwerthu'r sgadan (penwaig) a oedd mor niferus ym Mae Ceredigion ar y pryd. Er eu halltu a'u mygu nid oedd yn bosibl i neb werthu'r holl bysgod o fewn y rhanbarth ac yr oedd yn rhaid i bysgotwyr Ceredigion allforio eu cynhaeaf. Felly tua 1777 penderfynodd Dafi a'i gymdogion adeiladu llong fechan 24 tunnell ger Troedyrhiw a'i henwi *Blessing* er mwyn allforio sgadan a mewnforio casgenni, rhwydi, halen ac angenrheidiau eraill y diwydiant pysgota.

Dywed traddodiad teuluol i'm hen hen hen dad-cu ymweld yn gyson â phorthladdoedd gorllewin Lloegr ac Iwerddon, ac ar un mordaith i Wicklow daeth â chargo arbennig yn ôl ym mherson Hannah Christmas, fy hen hen hen fam-gu.

Yn sicr y tyddynnwr-bysgotwr hwn, David Jenkins a'i debyg, a ddechreuodd wir draddodiad y môr yng ngorllewin Cymru – y morwr rhan amser a ddechreuodd wlychu ei draed. Yr oedd y traddodiad hwnnw i ffynnu yn y 19eg ganrif yng nghyfnod fy hen dad-cu, ond i'w ddiddymu yn gyfan gwbl erbyn canol yr 20fed ganrif.

TEULU MAM

Os mai crwydro i bedwar ban byd a nodweddai bedair cenhedlaeth o deulu 'nhad, pobl eu milltir sgwâr oedd teulu Mam. Gwladwyr heb weld rhyw lawer o'r byd y tu allan i'w hardaloedd eu hunain oedd y rhan fwyaf ohonynt; pobl y tir, yn dyddynwyr ac yn weision ffermydd, yn grefftwyr a atebai anghenion eu cymdeithas. Ganwyd Mam ym Mehefin 1887, yn ferch i Benjamin Thomas, Siop Penbryn a'i briod Jane (Siân). Tyddynnwr oedd Dad-cu, a bu sôn am dad fy mam-gu, sef labrwr o'r enw William Williams o ardal Penbryn, fel gŵr a ymladdodd yn Rhyfel y Crimea. Tipyn yn gymysglyd ac yn niwlog yw perthnasau teulu Mam. Yr oedd ganddi hanner brawd (ac iddynt yr un tad), sef John Thomas, saer coed arbennig iawn a fu'n gyfrifol am adeiladu pulpudau rhai o gapeli anghydffurfiol de Ceredigion. Wedi priodi dair gwaith, ymfudodd John a Phoebe, ei drydedd wraig, i Bontypridd a sefydlu busnes llwyddiannus iawn fel adeiladydd tai gweithwyr, er mai 'Jerry Builder' oedd ei lysenw. Buddsoddodd mewn nifer o fentrau, gan gynnwys fferm Cefngranod, nid nepell o gapel Penmorfa, ac ar ôl ymddeol aeth i fyw i dŷ ysblennydd ym Mhorth-cawl. Unwaith y gwelais i ef erioed, a hynny mewn car moethus Lanchester ar glos Cefngranod. Derbyniodd Mam gerdyn Nadolig ganddo bob blwyddyn hyd ei farwolaeth tua 1951 a'i gyfeiriad wedi'i brintio arno, ond ni welwyd arlliw o'i arian na'i eiddo yn ein tŷ ni. Aderyn brith a chapelwr selog.

Gwraig fusnes hefyd oedd chwaer hynaf Mam a briododd â David Lewis Jones o Benuwch, gŵr a chanddo fusnes llaeth hynod lwyddiannus yn Llundain cyn iddo ddychwelyd i Gymru pan brynodd nifer o fusnesau yn Nhywyn. Pâr lled dynn oedd Wncwl Dafi Lewis ac Anti

Ann, ac os derbyniem focs neu ddau o felysion adeg y
Nadolig gallwn fod yn sicr iddynt fod ar silffoedd y Bon
Bon am rai misoedd yn dirywio'n gyflym ac yn meddalu.
Byddai holl aelodau'r teulu ecsentrig hwn yn disgyn ar
Fronlwyd yn weddol reolaidd yn ddirybudd: Annie bob
amser yn achwyn am ei byd, a David William yn ei sgidiau
brown a gwyn a'i dei bô yn ceisio perswadio rhai o ferched
y fro i ymuno ag ef yn Nhywyn.

Y chwaer nesaf at Mam, ryw ddwy flynedd yn hŷn, oedd
Esther Elen (Hettie), gwraig Ben Davies, fferm Castell
Nadolig, a fu farw ar enedigaeth ei merch Hettie (priod
y Parch. Alwyne Williams, Llangadog, a mam y Parch.
Ronald Williams, Caernarfon, yn ddiweddarach). Ni fu
bywyd yn hawdd i chwe phlentyn Castell Nadolig. Pan fu
Esther Elen farw yn 1926 yr oedd yr hynaf ond yn wyth a
hanner oed, ac yn 1931 bu farw eu tad yn ogystal. Doedd
dim amdani i'r pum merch – Frances, Martha, Elizabeth,
Rita a Hettie – ond mynd allan i wasanaethu, gan adael eu
brawd Griff yng ngofal y fferm. Iddo ef a bron pob ffermwr
arall yng Nghymru, yr oedd y cyfnod rhwng 1918 a 1935
yn un cythryblus tan ffurfio'r Bwrdd Marchnata Llaeth
yn 1934. Ac yntau'n brin bedair ar ddeg oed, syrthiodd
cyfrifoldeb y fferm o ryw 80 erw, a phum chwaer, yn gyfan
gwbl ar ei ysgwyddau ef, a chafodd help Sarah, chwaer ei
dad, a ddaeth i Gastell Nadolig o fferm Alltycordde gerllaw
i ofalu am ddyletswyddau'r tŷ. Yn sicr yr oedd yno dlodi
aruthrol, a sonnir am Anti Sarah'r Castell yn crio ac yn
gweddïo ar lawer achlysur gan fod y cwpwrdd bwyd yn
wag a chwech o blant i'w bwydo.

Profodd Griff ei hun yn amaethwr digon llwyddiannus
a chymerodd ofal arbennig o offer y fferm a'r anifeiliaid.
Ef, mae'n debyg, oedd yr olaf yn y fro i aredig â cheffylau

ac fe'i cyfrifid yn gymydog da; yn y cyfnod cyn yr Ail Ryfel Byd yr oedd cydweithio rhwng fferm a fferm yn angenrheidiol. Castell Nadolig oedd yr unig fferm yn y fro a gadwai faedd ac yr oedd ymweliadau cyson hychod o fro eang yn rhan hollbwysig o weithgarwch Castell; deuai'r ffermwyr yno'n rheolaidd gan arwain hwch trwy glymu rhaff am un o'i choesau ôl. Yr oedd y gwasanaeth baedd yn hanfodol i fro a ddibynnai'n helaeth ar gig moch fel un o'i phrif fwydydd.

Dibynnai pob fferm a thyddyn yn ne Ceredigion ar gydweithrediad rhwng cymdogion. I gario'r cynhaeaf gwair, er enghraifft, yr oedd gwasanaeth lluoedd o gymdogion yn angenrheidiol, tra oedd cymorth pobl heb dir yn bwysig iawn. Telid y ddyled trwy roi menyn – 'menyn dyled' – llaeth, caws, swêds a chynnyrch fferm arall i'r cymydog. Adeg y cynhaeaf ŷd eto, ni allai'r system weithio'n effeithiol heb gyflogi llafur. Câi tyddynwyr yr hawl i blannu tatws ar dir fferm gyfagos, a byddai diwrnod o waith tato neu dorri'r ŷd yn rhoi hawl am rych dato 80 llathen o hyd. Byddai'r un hyd o rych i'w gael hefyd am ddiwrnod a hanner o waith rhwymo'r ŷd yn sgubelli. Yn ôl traddodiad, a ddaeth ymhen amser yn gyfraith, yr oedd yn ddyletswydd ar y ffermwr i roi tail (dom) ar y rhychau tatws, a sicrhau eu bod yn lân. Bu farw Griff, amaethwr a blaenor ac ysgrifennydd capel Tanygroes, ym mis Awst 2005, y mwyaf hawddgar ac addfwyn o'm holl deulu.

Tyddynnwr hefyd oedd tad Benjamin Thomas, Siop Penbryn, a enillai ryw fath o fywoliaeth o ychydig erwau o'r tyddyn ger eglwys Penbryn. Yr oedd yn un o chwech o blant: Evan (ganwyd 1829), Jane (ganwyd 1832), James (ganwyd 1846) ac Eliza (ganwyd 1849). Ganwyd Ben yn 1843 a bu'n briod ddwywaith; yn gyntaf â Mary Thomas, ac yna â Jane Williams (Siân Siop), fy mam-gu. Yn sicr nid oedd Ben yn gyfoethog, ac yn ei ewyllys yn 1924 nid oedd ganddo fwy na dau gan punt i'w ddosbarthu.

Yr unig waith oedd ar gael i Mam oedd gwasanaethu, ac fe'i cyflogwyd am flynyddoedd fel morwyn i'r Parch. a Mrs Daniel Lewis, gweinidog cyntaf eglwys Penmorfa a Bancyfelin, ym mhlasty bychan Troedyrhiw, Penbryn. Bu'r cyfnod hwn dan ddylanwad gweinidog diffuant a duwiol yn bwysig iawn yng nghefndir Mam. Yn 1912 priododd â swyddog ifanc yn y llynges fasnach o Langrannog. Roedd fy nhad wedi ennill ei docyn meistr flwyddyn ynghynt.

Mab i John (1802–1871) a Frances Thomas (1804–1891) oedd Ben fy nhad-cu. Ychydig iawn o wybodaeth sydd am y rhain er iddynt dreulio eu holl oes ar dyddyn Glanrhyd a thyddyn y Siop, yn aelodau yng nghapel Penmorfa. Crydd a chlocsiwr oedd John Thomas.

Dros y Nyth

NI chafodd yr Ail Ryfel Byd, er gwaethaf ei holl
erchylltra, effaith fawr ar gymdeithas wledig fel
Penmorfa. Disgwylid i ffermwyr aredig a thrin rhagor o
dir, ac unwaith eto daeth tyfu tatws yn rhan hanfodol o
weithgarwch pob fferm. Disgwylid i blant ysgol weithio
ar ffermydd y fro yn ystod 'Wythnos Dato', sef wythnos
a gaent yn rhydd o'r ysgol ym mis Hydref; nid gwyliau
hanner tymor mohono. Gallaf dystio na chefais fawr o
flas yn y cae tatws. Nid oedd llawer o brinder bwyd mewn
ardal wledig fel Penmorfa a rhywbeth dieithr iawn oedd
rhyfel. Ffurfiwyd cwmni o'r *Local Defence Volunteers*
neu *Home Guard* yn Sarnau ac yno byddai carfan o hen
filwyr y Rhyfel Byd Cyntaf yn cyfarfod yn wythnosol,
gan dreulio ambell i noswaith yn rhan o warchodlu'r
fro ar Ros y Cefn. Heblaw clywed awyrennau bomio
ar eu ffordd o Lerpwl, ni welwyd llawer o weithgarwch
milwrol ym Mhenmorfa.

I mi, 1940 oedd blwyddyn dechrau newid byd.
Ym mis Mawrth yr oedd yn rhaid eistedd arholiad i'r
Ysgol Sir – y *Scholarship* – a gyfrifid o bwys mawr
yn y gymdeithas. Yr oedd lleoliad pob ymgeisydd ar
y rhestr o lwyddiannau yn hollbwysig, a phan ddaeth
canlyniadau cefais fy hun yn ddegfed ar restr y sir;

boddhaol, os nad yn ganmoladwy, o ganfod fod pob disgybl o ysgol Pontgarreg, bron yn ddiffael, yn y deg uchaf. Priodolwyd holl lwyddiant Pontgarreg i'r prifathro, Mr E.R. Jones, gŵr duwiol a digyfaddawd, a phen blaenor capel Bancyfelin. Ar y diwrnod penodedig ym mis Mawrth roedd yn rhaid llogi Sunbeam Saloon Ben Griffiths y Ship i gario'r tri chrwt diflas a'r tair merch i Aberteifi i sefyll yr arholiad. Nid oedd y profion Saesneg a Chymraeg yn ddrwg, ond diflas dychrynllyd oedd y prawf rhifyddeg. Er gwaethaf hynny bûm yn llwyddiannus, ac ar ddechrau mis Medi dechreuais yn ddisgybl yn Aberteifi. Cychwynnwn am 7.30 y bore o Sgwâr Llainwen ar un o fysiau ysgol Owen Williams, Aberteifi, un o Flying Bananas y 1920au, a beintiwyd mewn melyn, glas a du ar un adeg, ond bellach, yn ôl y gyfraith, maent yn lliw llwyd. Gyda thaith hir trwy Langrannog, Capel y Wig, Gwenlli a Brynhoffnant byddai'r siwrne ddeg milltir yn cymryd awr a hanner.

O'r diwrnod cyntaf yr oedd rhywbeth ynghylch Aberteifi nad oeddwn yn hoff ohono, a theimlwn fy mod mewn gwlad estron, rywsut. Saesneg oedd iaith yr ysgol, er bod emyn Cymraeg yn cael ei ganu'n achlysurol yn y gwasanaeth boreol, a dyn caled, digyfaddawd, parod iawn â'r wialen oedd Thomas Evans, y prifathro – Twm Pop. Mae'n debyg iddo dreulio peth amser fel gŵr ambiwlans yn Ffrainc yn ystod y Rhyfel Byd Cyntaf, a phan ddaeth i Aberteifi yr oedd agwedd lem yn rhan o'i ddelfryd. Yr oedd yn ddisgyblwr tan gamp, ac ar ben y cwbl gwnaed ef yn *Lieutenant Colonel* yn yr *Home Guard*; swydd wrth fodd rhywun a'i cyfrifai ei hun yn ymerawdwr pob cymdeithas. Gwisgai lifrai militaraidd bron yn ddyddiol, a rhedai'r ysgol fel pe bai'n wersyll milwrol Saesneg, heb air o Gymraeg i'w glywed o gwbl, ac yr oedd y rhan fwyaf yn byw mewn ofn a gofid am y gosbedigaeth a allai ddisgyn mor afresymol o sydyn.

Ond dyna fy nhynged yn 1940. Mewn trowsus llwyd cwta, siaced blaser, crys gwyn a thei streipiog, pob un wedi ei brynu yn Bazaar E.S. Watts, dechreuais ar fy mhererindod drwy'r byd. Er bod bws yn teithio o Langrannog i Aberteifi yn ddyddiol, daeth yn arfer i nifer o blant yr ardaloedd pellaf o'r ysgol aros mewn llety, yn enwedig os oedd arholiadau ar y gorwel. Felly am ddwy flynedd cyn arholiad y Dystysgrif – y *Senior* – cefais fy hun yn lletya yn Brynawel am chwe swllt yr wythnos. Bûm yn hapus iawn ar aelwyd yr amaethwr a'r perchennog injan stêm Tomi Davies, ei briod Mag a'u merch Mary, y mwyaf dedwydd a rhadlon o bobl. Yn ystod fy mlynyddoedd ysgol cefais ryddid mawr, gan dreulio llawer gormod o amser yn siop goffi John Conti a'r tafarndai sglodion, ac yn cael blas ar sigarét. Cawn fwynhad yn crwydro glannau Teifi fin nos, ac efallai mai'r crwydriadau hynny a'm symbylodd yn nes ymlaen i ymchwilio'n ddwfn i hanes y môr a'i longau. Wrth gwrs yr oedd crwydro'r strydoedd ar ôl hanner awr wedi saith yn bechod yn erbyn rheolau'r ysgol, a mynych y gwelid y prifathro yn teithio drwy'r pentrefi cyfagos yn ei Morris 12 yn chwilio am droseddwyr fel bugail yn chwilio am ei ŵyn. Yna ar ôl y gwasanaeth y bore canlynol byddai'r ŵyn colledig yn cael eu dwyn o flaen y prifathro, a'u cosbi yn ôl y galw.

Ar ôl dwy flynedd roedd rhaid dewis testunau, rhai gwyddonol neu rhai celfyddydol. Ond gwaeth na hynny oedd dewis rhwng Cymraeg a Ffrangeg. Mae'r ffaith fy mod yn ieithydd gwael yn sicr i'w briodoli i'r dewis hollol afresymol hwnnw pan oeddwn yn ddeuddeg oed.

Ni ellir tystio fod staff ysgol Aberteifi o'r radd flaenaf ym myd addysg; yr oedd y nifer o ferched a gwragedd, rhai digon byr eu tymer, yn ddylanwad mawr ar y pryd. Dyna Miss Mary Tattersall, er enghraifft, hen ferch o ogledd Lloegr a weithredai fel fy athrawes dosbarth yn y flwyddyn gyntaf. Addysg Grefyddol, a hynny drwy gyfrwng y Saesneg, oedd pwnc 'Taten', a phrofiad rhyfedd oedd i fachgen o gefn gwlad a oedd yn aelod ffyddlon – er yn aml yn anfodlon – o'r ysgol Sul, orfod darllen Beibl Saesneg. Yr oedd trafod yr Ysgrythur yn Saesneg yn wrthun; gwyddwn mai Cymraeg oedd iaith Iesu Grist a'r holl broffwydi. Yr oedd Miss Tattersall yn un o'r athrawon hynny a dderbyniodd doriad cyflog yn y 1920au ac a adnabuwyd byth oddi ar hynny fel *blacklegs*. Roedd nifer o'r rheiny yn ysgol Aberteifi yn 1940 – rhai yn ddynion canol oed rhwystredig na fu gobaith iddynt gael swydd arall mewn unrhyw ysgol. Ymysg y rhain oedd William Tregonning o Gernyw, athro hanes a gŵr diflas a laddodd unrhyw ddiddordeb yn y pwnc. Ei brif ddull o ddysgu oedd dosbarthu nodiadau a ddyblygwyd flynyddoedd ynghynt ac a basiwyd i lawr o un genhedlaeth o ddisgyblion i'r nesaf. Ynddynt trafodid yr Ymerodraeth Brydeinig, Brenhinoedd Lloegr a Rhyfeloedd Affrica. Dim sôn am hanes lleol nac am Gymru. Datganodd Tregonning (Trwnc) wrthyf pan oeddwn yn bymtheg oed: 'You'll never make an historian as long as you live, Jenkins,' a chefais y pleser flynyddoedd ar ôl hynny, pan welais ef ar y stryd, o'i hysbysu fy mod yn darlithio mewn hanes yn ei hen brifysgol yn Reading! Ni chafwyd barn ar hynny. Yr oedd rhai o'r hen *blacklegs* yn ddigon annwyl a hynaws, megis Frank Bruce a geisiodd ddysgu Mathemateg i mi. Yr athro sinigaidd Saesneg

Idwal Jones, a Donald Hill (Dai John), yr athro Cemeg, gŵr cydwybodol a gorfanwl o Swydd Efrog a gyfrifai ei labordy yn allor grefyddol. Y mwyaf annwyl o'r garfan yna oedd W.R. Jones, brodor o Dre-lech a ddysgai Gymraeg yn null Syr John Morris-Jones trwy gyfrwng y Saesneg. Rhyfedd gweld heddiw gyfrol gyntaf *Beirdd ein Canrif* gyda'r holl nodiadau ar ddarn o farddoniaeth yn cynnwys llawer o eiriau Saesneg ar ymyl pob tudalen. W. R. Jones oedd prifathro cyntaf ysgol y Preseli yng Nghrymych.

Yna, heblaw'r garfan o'r dauddegau a oedd yn dal i ddysgu yn fy nghyfnod i, yr oedd yr henoed – J.R. Lewis (Lewis y Goat) o Cross Inn, cyfreithiwr nodedig iawn yn y Dwyrain Canol cyn 1939, a geisiai ddysgu Lladin a Mathemateg; y Parch. Richards, Ficer Betws yn dysgu gwyddoniaeth, a'r cerddor hynaws, dall Andrew Williams o Aberteifi a geisiai roi rhyw flas ar gerddoriaeth inni. Un o fy ngwendidau mawr i heblaw Mathemateg oedd Gwaith Coed, ac ysgwyddwyd y cyfrifoldeb o ddysgu'r grefft honno gan Stanley Jones, Beulah, saer gwlad na wyddai ddim am ddysgu crefft ac na wyddai rhyw lawer am dermau saernïaeth yn yr iaith Saesneg. Buan iawn y bu'n rhaid i mi roi'r gorau i waith coed, er i mi yn ddiweddarach yn fy mywyd ysgrifennu nifer o gyfrolau'n ymwneud â hanes crefft. Hunllef oedd y cyfnodau a dreuliwyd yng ngweithdy gwaith coed Aberteifi.

Pwy a ŵyr, efallai fod fy niffyg brwdfrydedd dros grefftwaith, yn ogystal â fy niffyg ddiddordeb mewn barddoniaeth, ym mhob iaith, i'w briodoli i athrawon a fethodd danio fy nychymyg yn yr ysgol uwchradd.

Heblaw yr henoed a'r siniciaid, yr oedd ambell i athro ysbrydoledig ymysg y staff ar ddiwedd fy ngyrfa yn Aberteifi; pobl annwyl ac ysbrydoledig fel y Gwyddel

Timothy Ryan a gafodd yrfa ddisglair fel Athro Economeg yn un o brifysgolion Canada, a Gwyn Thomas, y nofelydd a'r awdur toreithiog o'r Rhondda a enillodd barch ac edmygedd pob disgybl a geisiodd ddysgu tipyn o Ffrangeg dan ei gyfarwyddyd. Flynyddoedd yn ddiweddarach roedd ein llwybrau i groesi eto, pan oedd yn byw yn Llanbedr y Fro ger Sain Ffagan, a mwynheais ei gwmni yn fynych yn nhafarndai'r Fro.

Gyda diwedd y rhyfel daeth ton newydd o bobl i ysgol Aberteifi, pobl a gyfrifem yn gyfeillion yn hytrach nag yn unbeniaid. Ymysg y bobl hynaws hyn oedd James Gillespie, a briododd ag un o athrawesau Aberteifi, Gwennant Davies, a gyfrannodd gymaint i ddatblygiad mudiad yr Urdd am dros hanner can mlynedd. Yna daeth John Beale a Cecil Davies o'r awyrlu i ddysgu Mathemateg, a hefyd amryw o athrawesau ifanc deniadol.

Yn ystod y rhyfel symudwyd nifer o ysgolion o'r trefydd a oedd mewn perygl cyson o gael eu bomio gan y gelyn, i Aberteifi. Yn gyntaf daeth disgyblion Oulton High School o Lerpwl, na adawodd fawr o ôl ar y dref, ac yna disgyblion ysgol De La Beche o Abertawe. Gyda phleser mawr y croesawyd disgyblion yr ysgol hon i ferched a buan iawn y sylweddolodd nifer ohonom fod mwy i grwydro'r dre i'r Netpool ac i gaffi John Conti na smocio ac yfed *cream soda*.

O edrych yn ôl dros y blynyddoedd, efallai nad oeddwn yn hollol hapus yn awyrgylch filitaraidd ysgol Aberteifi, ond eto i gyd, i'r naturiol ddiog fel fi, fe sicrhaodd Twm Pop fod gwaith ysgol yn cael ei gwblhau, ac am hynny, os nad am ddim byd arall, rwy'n ddiolchgar.

Yr oedd chwaraeon yn hynod o bwysig yng ngweith-garwch ysgol Aberteifi, a hyd yn oed os oedd hi'n amhosibl crwydro ymhell i chwarae yn ystod blynyddoedd y rhyfel, yr oedd yna barch rhyfeddol i'r gêm rygbi yn y dref. Ni allwn byth ymffrostio fy mod yn chwaraewr da, na brwdfrydig, ond am rai blynyddoedd bûm yn llenwi ail reng y sgrym ym mwd a llaid cae chwaraeon yr ysgol. Yr oedd yr haf a'r gêm o griced yn llawer mwy pleserus i mi a gwnes ryw fath o argraff dros dro fel batiwr agoriadol a phenstiff tîm yr ysgol a chwaraeai'n weddol gyson yn erbyn timau lleol. Yr oedd y diddordeb hwnnw mewn criced i barhau am weddill fy oes, ond buan y collais bob diddordeb mewn rygbi a phob gêm tîm arall fel hoci a phêl-droed. Yn ddiweddarach yr oeddwn yn hollol hapus yn byw mewn pentre gwledig yng nghefn gwlad y Sais ac yn chwarae criced yn achlysurol i bentre Shinfield a Phrifysgol Reading.

Er gwaethaf sefyll arholiad y Central Welsh Board ddwywaith, daeth dyddiau ysgol i ben, a chyda rhyddhad mawr y gadewais ysgol Aberteifi am addysg brifysgol.

Wrth gwrs, nid yr un oedd y byd ar ôl yr Ail Ryfel Byd ag ydoedd cyn y gyflafan. Ym myd amaeth, er enghraifft, daeth peiriannau modern a'r tractor i ddisodli'r gwaith llaw a'r llafur caled a oedd mor angenrheidiol, ac o ganlyniad yr oedd y diwydiant yn cyflogi llai a llai o weision a morynion. Yn wir, gyda help peiriannol gallai ffermwr ddod i ben ag amaethu cyfran helaeth o dir heb orfod cyflogi neb. Yn sgil hyn lleihaodd poblogaeth bron pob ardal wledig, ond yna, yn fy ardal i fy hun a llawer un debyg, a oedd mor ddeniadol i'r henoed yn enwedig, llawer o Loegr, fe ddaeth mewnfudwyr i'r fro yn fwyfwy cyffredin. Dechreuodd sefydliadau crefyddol a seciwlar ddioddef yn enbyd yn wyneb y mewnlifiad a gychwynnodd fel pistyll bychan yn ail hanner y 1940au ond a oedd i lifo

fel yr Amazon cyn diwedd yr ugeinfed ganrif. Yn ogystal
â hynny, mewn bro Gymraeg fel Penmorfa, cyn 1939 yr
oedd yn anodd meddwl am unrhyw deulu Cymraeg nad
oedd yn mynychu'r capel. Ond ni ddychwelodd nifer
o'r aelodau hynny ar ôl y rhyfel, ac yn araf bach yr oedd
capel Penmorfa a fu unwaith yn ganolfan ddiwylliannol
ac ysbrydol yn prysur golli tir. Gyda datblygiad ffyrdd a
thrafnidiaeth ymestynnodd gorwelion cymdeithas fy
ieuenctid i Aberteifi. Y sinema a mathau eraill o adloniant
oedd y mecca bellach, ac anaml iawn y byddem yn mynd
i neuadd Sarnau neu festri Penmorfa fel cynt i chwilio am
ddifyrrwch.

Cyn 1939 yr oedd cymdeithasau gwledig fel Penmorfa
bron yn hunan-gynhaliol ac ni fyddai angen mentro y
tu allan i derfynau ardal ar gyfer angenrheidiau bywyd.
Yr oedd yr ardal wledig yn uned economaidd yn ogystal
ag yn uned gymdeithasol ac yr oedd bywyd teulu fel
fy nheulu i, heblaw bod fy nhad i ffwrdd ar y môr, yn
troi o amgylch cysylltiadau teulu, tylwyth a chymydog.
Medrai'r trigolion dyfu'r rhan fwyaf o'r bwyd oedd
ei angen arnynt, ac ni welodd bro Penmorfa unrhyw
dlodi na chaledi yn ystod y rhyfel. Yr oedd ganddynt
gaeau, gerddi a pherllannau a roddai iddynt gyflawnder
o ŷd, llysiau a ffrwythau, a rhoddai anifeiliaid gig a
llaeth iddynt. Yr oedd mochyn, er enghraifft, yn hynod
gyffredin ym mro fy ieuenctid. Yn aml telid dyledion
rhwng ffermwr a ffermwr trwy gyfnewid diwrnod o
waith, a thelid cymdogion oedd heb dir, gan gynnwys
fy nhad pan fyddai gartref, trwy roi menyn iddynt ac
ŷd i'w hieir, llwyth o ddom i'r ardd, neu'r hawl i blannu
tatws yng nghae'r cymydog o ffermwr. Cymdeithas glòs,
gydweithredol oedd cymdeithas fy ieuenctid, ond buan

iawn ar ôl tua 1950 yr oedd y patrwm hwnnw i'w ddileu yn gyfan gwbl, gan adael y gymdeithas yn dipyn tlotach o ganlyniad. Diflannodd y rhan fwyaf o grefftwyr gwlad – yn seiri ac yn ofaint, yn gyfrwywyr ac yn deilwriaid – yn y cyfnod hwnnw. Yn sicr dyma gyfnod y dadrithio, cyfnod chwyldro, ac nid oedd y byd yn debyg i fyd 1939 bellach, a minnau ar gymryd tro arall yn fy mywyd y tu allan i'm bro enedigol. Ychydig a feddyliais na fyddwn yn dychwelyd i'r fro honno, heblaw ar ymweliadau achlysurol, am tua hanner can mlynedd.

Prifysgolion

A R ôl i mi brofi rhywfaint o lwyddiant yn yr arholiadau yn ysgol Aberteifi, a olygai fod modd i mi symud ymlaen, uchelgais fy mam oedd fy ngweld yn mynd i brifysgol i gael gradd o ryw fath, ond yr oeddwn i'n llawer mwy awyddus i ddilyn llwybrau fy nghyndeidiau a mynd i'r môr. Cafwyd nosweithiau lawer o ddadlau ffyrnig; y môr yn galw, ond fy rhieni'n dymuno i mi fynd yn fyfyriwr er mwyn ennill cymhwyster a fyddai'n fy ngalluogi i fod yn athro ysgol, neu'n bregethwr Methodist yn ôl Mam, ac yn offeiriad yn ôl dymuniad fy nhad. I'r ddau, y gelyn mwyaf i unrhyw gyfraniad i fywyd oedd mynd i'r môr.

Cefais rai misoedd o ddysgu yn ysgol breifat Bodowen yn Aberteifi tra oedd y brifathrawes, Sarah Owen, yn cael triniaeth mewn ysbyty. Wedi wythnos neu ddwy yn y gwaith yr oeddwn yn argyhoeddedig nad oedd dyfodol i mi ym myd addysg, yr oeddwn yn llawer hapusach yn pysgota mecryll o amgylch Ynys Lochtyn. Buan y sylweddolais nad oedd yna lawer o ddyfodol yn y grefft honno ychwaith. Efallai mai fy mhrofiadau ymysg pysgotwyr y fro a esgorodd ar fy ngwaith ymchwil flynyddoedd ar ôl hynny yn ymwneud â physgota'r glannau, gwaith a welodd olau dydd yn 1992 gyda chyhoeddi *The Inshore Fishermen of Wales*.

ABERTAWE

Felly yn 1948 i Abertawe a Choleg y Brifysgol yr euthum heb unrhyw syniad yn y byd beth yr oeddwn am ei wneud na pha gwrs yr hoffwn ei ddilyn. Digon diflas oedd fy nghyfnod cynnar yn Abertawe, yn aros mewn tŷ teras nid nepell o'r coleg gyda theulu chwaraewr pêl-droed proffesiynol a'i wraig na wyddai lawer am baratoi prydau yng nghyfnod dogni bwyd. Deuthum mor gyfarwydd â natur a blas ffa pob fel na allaf eu goddef i'r dydd heddiw. Trwy lwc dim ond rhyw dair wythnos a dreuliais yn y llety diflas cyntaf, ac o fewn dim yr oeddwn wedi symud yn agosach i'r coleg i gartref Cymraes ac at gogyddes fendigedig o Lanelli a oedd yn finiog ei thafod ond yn garedig tu hwnt.

Yr oeddwn yn hapus iawn yn y coleg ei hun yn astudio Cymraeg, Saesneg, Economeg a Daeareg. Yr oedd yno athrawon disglair; rhai a ddylanwadodd arnaf am amser maith, ac eraill a ddaeth yn gyfeillion agos iawn dros y blynyddoedd. Pennaeth yr Adran Gymraeg oedd y mwyaf hynaws o bobl, yr Athro Henry Lewis, er mai digon sychlyd oedd ei ddarlithiau ar gystrawen yr iaith. Am rai blynyddoedd byddai'r Athro, ei wraig a'u dwy ferch yn treulio cyfnod o bob haf ym mhentre Llangrannog, ond yn sicr nid oedd y pentrefwyr yn ymwybodol fod un o'r awdurdodau mwyaf ar dwf yr iaith Gymraeg yn trigo yn eu mysg, ac iddynt hwy, Professor Dime oedd y gŵr o Gwmtawe. Y gramadegwr arall oedd Melville Richards, a digon diflas oedd ei ddarlithiau yntau ar gystrawen yn 1948–9, ond daeth yn un o'm cyfeillion agosaf yn ddiweddarach. Brodor o Gastell-nedd oedd Melville, ac wedi iddo symud o Abertawe i Lerpwl yn bennaeth yr Adran Astudiaethau Celtaidd yn y Brifysgol honno daeth ef, ei wraig Ethyn a'i blant Siân a Ieuan i fyw i bentre Llangrannog. Buont yno am rai blynyddoedd a threuliais oriau lawer yn Haulfryn (tŷ a ddaeth yn 'Nicky Nook' wedi eu hymadawiad). Pan benodwyd ef yn Athro Cymraeg Coleg y Brifysgol Bangor, aeth y teulu i fyw i Benllech ac yno y byddwn yn aros ar fy ymweliadau rheolaidd â gogledd Cymru. Gyda ni byddai Melville yn aros bob tro y deuai i Gaerdydd. Pan sefydlwyd cymdeithas newydd genedlaethol i astudio bywyd gwerin Prydain, sef The Society for Folk Life Studies, etholwyd Melville yn drysorydd a minnau'n ysgrifennydd. Cyfrannodd lawer i'm gwaith ymchwil i trwy baratoi rhestrau o enwau lleoedd yn ymwneud â'r diwydiant gwlân a physgota, cyfraniad gwir werthfawr. Wedi ei farwolaeth sydyn yn 1973 ac yntau ond yn 63 mlwydd oed, cyflwynais un o'm llyfrau er cof amdano; bu'n fraint i mi gael adnabod a bod yn gyfaill mynwesol i gymaint gŵr o athrylith.

Cefais ddarlithiau ysbrydoledig gan Hugh Bevan ar Lenyddiaeth Gymraeg, ac yna yr oedd yr annwyl Stephen J. Williams, a ddaeth yn gyfarwydd iawn i mi flynyddoedd yn ddiweddarach pan oedd y ddau ohonom yn aelodau parhaol o banel tîm holi ac ateb a ddarlledwyd yn wythnosol am fisoedd lawer gan TWW yn y 1970au.

Brith gof sydd gennyf am staff adrannau eraill y coleg, ond yn sicr yr oeddent yn ddisglair iawn yn eu dydd: pobl fel y Sgotyn, yr Athro Duncan Leitch, a Brian Simpson mewn Daeareg, yr Athro Economeg Victor Morgan a oedd bron yn ddall, a Mrs Isabel Westcott yn Saesneg. Daeth un person arall yn gyfaill mynwesol i mi flynyddoedd yn ddiweddarach, sef R.O. (Bob) Roberts, gŵr hynaws a ddarlithiai mewn hanes economaidd. Hanai Bob o ardal llechi sir Gaernarfon ac yr oedd yn awdurdod ar hanes cwmnïau masnachol de Cymru. Gallasai fod wedi cyfrannu llawer mwy nag a wnaeth, ond ymysg fy nhrysorau mae un rhan o gyfrol swmpus ar hanes diwydiant yn ne Cymru nas cwblhaodd. Heddwch i'w lwch, y mwyaf annwyl a diymhongar o bobl.

Bu fy nghyfnod yn Abertawe o bwys aruthrol i mi, a flynyddoedd yn ddiweddarach cefais y fraint o wasanaethu fel aelod o Lys Prifysgol Abertawe, ac yn achlysurol fel arholwr allanol i raddau uwch yr Adran Hanes. Yno, efallai, y tyfais i fod yn ddyn. Yr oedd adeiladau'r coleg yn rhai digon simsan yn y pedwardegau, gyda chytiau asbestos o gyfnod y rhyfel yn gweithredu fel ystafelloedd darlithio. Gweithredai hen abaty Singleton fel canolfan weinyddol yr holl goleg dan oruchwyliaeth y Prifathro John Fulton, gŵr a aeth yn ddiweddarach i Brifysgol Sussex. Yno hefyd yr oedd y ffreutur, a thrwy gydol fy mywyd nid wyf wedi blasu bwyd mor ddiflas â'r hyn a gâi ei baratoi yno – tatws wedi rhedeg gyda'r dŵr, pys fel darnau o fflint, a chig na wyddai neb a ddeuai o ddafad neu geffyl. Wrth gwrs, dyma gyfnod y dogni bwyd ar ddiwedd y rhyfel. Ond yr oedd lleoliad Coleg Abertawe yn wych, yn edrych allan dros fae godidog. I mi, dyma leoliad gorau unrhyw brifysgol ym Mhrydain a heddiw mae iddi adeiladau modern, deniadol.

Yn fy nyddiau coleg i, prin oedd yr adnoddau, ond gwnes lawer o ffrindiau yno sy'n dal yn gyfeillion hyd y dydd heddiw. Dim ond rhyw saith cant a hanner o fyfyrwyr oedd yng ngholeg Abertawe ar y pryd, ac yr oedd cyfran helaeth o'r myfyrwyr yn derbyn addysg ar ôl cyfnod helaeth yn y lluoedd arfog. Derbyniai'r rhan fwyaf ohonynt grantiau y Further Education Training Service [FETS] o law y llywodraeth. Roedd nifer o'r myfyrwyr yn briod, a phlant ganddynt, yn bobl ddifrifol a oedd yn barod i fanteisio ar yr holl adnoddau addysg a gynigid iddynt ar ôl caledi cyfnod y rhyfel. Ar y cyfan yr oedd agwedd y myfyrwyr hynaf yn dipyn gwahanol i agwedd 'ffwrdd â hi' rhyw gryts ifanc a oedd wedi cael eu gollwng yn rhydd am y tro cyntaf. Fel rhywun a fagwyd mewn ardal wledig lle'r oedd y Gymanfa Ddirwest yn dal i ffynnu, yr oedd cael fy ngollwng yn rhydd mewn tref fawr yn dipyn o newid. Nid cynnyrch y diafol oedd cwrw, bellach, ac o fewn wythnos o gyrraedd Abertawe yr oeddwn wedi blasu fy mheint cyntaf – Amber Ale William Hancock yn nhafarn y Cornish Mount yn un o strydoedd cefn y dref. Dichon fy mod yn fwy ffyddlon i sefydliadau o'r math yna nag i gapel Trinity, lle yr awn yn achlysurol. Yn anffodus hefyd dyma pryd y dechreuais smocio o ddifrif, hen arfer annifyr a ddechreuodd yn ystod dyddiau ysgol ac na chefais wared ohono tan 1995. Ond yn y cyfnod hwnnw roedd ffags yn rhad, a fawr o neb yn meddwl am eu heffaith ar iechyd.

Er fy mod yn hapus dros ben yn Abertawe, yr oedd y llanastr ar ôl y rhyfel yn frawychus. Lle bu tre lewyrchus gynt, yr oedd olion adeiladau a ddinistriwyd i'w gweld ym mhob man, ynghyd ag erw ar ôl erw o dir diffaith. Yr oedd fel Baghdad neu Beirut yn nechrau'r 21ain ganrif.

ABERYSTWYTH

Ar ôl dwy flynedd dedwydd yn Abertawe penderfynais symud i Aberystwyth i geisio am radd mewn Daear-yddiaeth ac Anthropoleg dan law yr Athro E.G. Bowen, gŵr o athrylith arbennig. Yn anffodus nid oedd yn bosibl ennill gradd anrhydedd yn Abertawe ar y pryd, ac yr oedd holl bwyslais yr adran fechan yn y brifysgol honno

Miss Ann Davies
(Nano'r Felin),
un o gymeriadau mwyaf
ffraeth ardal Penmorfa.

Cynhaeaf gwair ar
fferm Eisteddfa
tua 1950.
Rhes gefn:
Ebenezer Jones
(Eisteddfa),
David Thomas
(Nantybach),
Tom Thomas
(Morfa Canol);
rhes flaen:
Eirwen James
(Blaen-waun),
Anne Thomas
(Nantybach),
Megan Jones
(Eisteddfa),
John Jones
(Ffynnongroes),
Howell Griffiths
(Penrhiw-pâl).

Capel Penmorfa. Cyn 1939 yr oedd yn anodd meddwl am unrhyw deulu Cymraeg nad oedd yn mynychu'r capel.

Blaenoriaid capel Penmorfa a Bancyfelin yn 1950.
Rhes gefn: John Jones, John Oliver Jones, Ellis Parry, Andrew Davies.
Rhes flaen: David Lewis, James Thomas, David Davies,
E. R. Jones, Alban Parry.

Rhieni'r awdur, David James a Mary Jane Jenkins, tua 1955.

Blaenoriaid capel Penmorfa yn 1998.
O'r chwith: Tom Owen, Ieuan Lewis, Elwyn Parry, Geraint Jenkins,
y Parch. Griffith Jones, John Lewis, Eifion Jenkins.

Geraint a Nansi Jenkins
ar ddiwrnod eu priodas yn y Drenewydd, Ionawr 1954.

Meibion Geraint a Nansi Jenkins:
John Richard, yr Artist (1956–2000),
David Huw, y Bancer (1955–) a Gareth Wyn, y Crefftwr (1963–).

May Davies (1916–2003),
chwaer yr awdur, a'i phriod
Dan Davies (1915–77),
yn Aberystwyth 1981.

'The English Farm Wagon'
– math swydd Wiltshire.

'The English Farm
Wagon' – math
swydd Lincoln.

Ben Evans,
basgedwr o Ben-uwch, Ceredigion.

'The Coracle King' – Fred Llywelyn, y cyryglwr o Genarth.

Tom Rees, gwehydd, Maes-llyn, Llandysul.

Rhes o dai gweithwyr – tai Rhyd-y-car, Merthyr Tudful.
Y tai cyntaf o ardal ddiwydiannol a godwyd yn Sain Ffagan.

Ysgol Maestir, Llanbedr Pont Steffan.

ar ddaearyddiaeth ffisegol, gan arbenigo mewn daeareg a thywydd. Efallai y dylwn fod wedi parhau yn Abertawe yn astudio'r celfyddydau yn hytrach na dod yn aelod o adran enfawr E.G. Bowen. Enillais radd BA yn 1950 mewn Daearyddiaeth, Anthropoleg ac Economeg, a gradd anrhydedd weddol yn 1956. O leiaf yr oedd fy ngradd mewn Anthropoleg yn ddigon i ennill ysgoloriaeth i ddilyn cwrs MA dan gyfarwyddyd y mwyaf disglair o anthropolegwyr, sef Alwyn D. Rees.

Yr oedd Alwyn Rees yn athro ysbrydoledig a draddodai ei ddarlithiau yn lolfa ei gartref. Yr oedd ei waith ar y gymuned yn sir Drefaldwyn yn arloesol ac yn ysbrydoliaeth i mi baratoi traethawd MA ar ddraddodiadau cymunedau yn ne Ceredigion. Bu Alwyn yn gyfaill agos i mi trwy ei oes, oes a fu'n llawer rhy fyr.

Y peth pwysicaf a ddigwyddodd i mi yn Aberystwyth oedd cyfarfod fy narpar wraig – nyrs yn yr ysbyty a merch i fferm Oerffrwd yn sir Drefaldwyn – un o deulu enwog Jarman. Erbyn hyn mae'r ddau ohonom wedi bod yn briod ers dros hanner can mlynedd, yn rhieni i dri o fechgyn ac yn berffaith hapus. Cyfarfod ar ôl gwasanaeth hwyrol yng nghapel Siloh a wnaethom, ac os cofiaf yn iawn yr oedd fy nghyfaill Hywel Lloyd o Dan-y-groes a minnau'n ffyddlon i wasanaethau'r hwyr, gyda'r prif fwriad o gyfarfod rhyw ferch landeg. Ymhen rhyw dair wythnos disgynnodd fy llygaid ar Nansi sydd wedi bod gyda mi ar hyd y daith, yn gefnogol i'm holl waith, yn wraig tŷ fendigedig ac yn unig gariad fy mywyd. Pan gefais fy nghyflwyno i'r teulu am y tro cyntaf, cefais gryn drafferth i ddeall tafodiaith Maldwyn, ac nid oedd teulu Oerffrwd hwythau yn siŵr o Gardi o lan y môr a siaradai Gymraeg rhyfedd. Yn waeth na'r cwbl nid oedd gen i lawer i'w ddweud am fyd amaeth, ac yn y blynyddoedd i ddod tueddwn i gadw'n glir o Drefaldwyn pan oedd sôn am gynhaeaf gwair.

Wedi blwyddyn yn Aberystwyth, eto heb orffen fy nhraethawd MA, teimlais ei bod yn hen bryd i mi adael coleg a cheisio rhyw fath o waith. Wedi cael cyfweliad gyda'r Gwasanaeth Sifil ac amryw o gwmnïau masnachol, cefais fy apwyntio yn rheolwr dan hyfforddiant gyda chwmni o Abertawe, gyda'r bwriad o wneud masnachwr ohonof. Llwytho lorïau oedd prif orchwyl y darpar reolwr hwn ac mewn llai na blwyddyn roedd yn rhaid iddo adael a chychwyn ar ei swydd gyntaf mewn amgueddfa – a hynny yng Nghaerlŷr.

MA

Yn sicr, yr amser a dreuliais fel myfyriwr ymchwil yng ngofal yr annwyl Alwyn D. Rees oedd cyfnod hapusaf fy mywyd. Roedd gennyf gariad a welwn yn aml, a dechreuais baratoi traethawd ar hanes cymdeithasol Penbryn a Llangrannog. Golygai hyn ymweld â phob cartref yn ardaloedd Penmorfa a Llangrannog i siarad â'r trigolion. Yn y pumdegau cynnar, cymdeithas Gymraeg oedd yn y broydd hyn ac nid oedd bywyd wedi newid cymaint â hynny oddi ar y tridegau. Er bod ychydig o deuluoedd o Loegr wedi ymsefydlu ar rai o ffermydd y fro, ac mewn ambell i fwthyn a byngalo glan môr, cymdeithas Gymraeg ei hiaith oedd hon. Buan y dysgodd plant yr ymfudwyr iaith y mwyafrif ac yr oedd dyfodol y Gymraeg yn edrych yn ddigon cadarn. Ond eto i gyd yr oedd rhyw deimlad yn fy ngwaed mai cyfnod o ddechrau diwedd y gymdeithas oedd y pumdegau. Yr oedd 78% o boblogaeth plwyf Penbryn a 58% o drigolion Llangrannog yn dal i fod yn Gymraeg eu hiaith, ond yr adeg honno cychwynnodd y mewnlifiad a oedd i newid y gymdeithas wledig yn gyfan gwbl. Erbyn 2005 yr oedd 54% o etholwyr plwyf Penbryn yn Saeson, a chymaint â 66% o boblogaeth plwyf Llangrannog yn Saeson uniaith. Er mai pentrefi glan môr oedd yn denu estroniaid yn bennaf, er 1956 y di-Gymraeg sydd wedi prynu bron pob fferm a thyddyn sydd wedi dod ar y farchnad. Mae'r siopau bychain gwledig wedi llwyr ddiflannu; nid oes yn ysgolion cynradd Penmorfa a Phontgarreg fwy na rhyw hanner dwsin o blant o gartrefi Cymraeg, ac ar ben y cwbl mae'r eglwysi a fu unwaith yn gymaint sylfaen i fywyd moesol a diwylliannol y gymdeithas wedi dirywio. Er 1954 mae capeli Crannog a Bancyfelin yn Llangrannog wedi cau, ac felly hefyd gapel Ffynnon, capel Gwndwn, a Than-y-groes. Erbyn hyn mae aelodaeth pob capel sydd ar agor yn y fro – tri Annibynnol ac un Presbyteraidd – heb fugail fel cynt, ac mae pob un yn wan ac yn ddiymadferth. Yn 1954 yr oedd gan gapel y Presbyteriaid ym Mhenmorfa 155 o aelodau, ac yn cynnal gweinidog, tri gwasanaeth ar y Sul, ysgol Sul, seiat a chyfarfod gweddi, a dosbarthiadau Beiblaidd a cherddoriaeth. Daeth tro ar fyd, ac er bod Penmorfa (ag aelodaeth o 59) yn dal ar agor, bob pythefnos yn unig y cynhelir gwasanaeth yno.

Yn ystod yr hanner can mlynedd diwethaf mae natur y boblogaeth wedi newid hefyd. Prin yw tyddynwyr y fro ac mae llawer i fferm wedi ymuno â'i gilydd i greu unedau mawr. Mae 'crefft gyntaf dynol-ryw' wedi ei thrawsnewid, ac yn amlach na pheidio estroniaid sy'n byw yn y ffermdai a oedd unwaith yn ganolfannau amaeth; mae rhai yn berchen erw neu ddwy o dir ar gyfer padog a cheffyl marchogaeth.

Y pleser mwyaf a gefais wrth baratoi fy ngwaith MA yn y pumdegau oedd siarad ag amaethwyr a gweision fferm, megis John Owen, Penddôl, Penmorfa. Yn anffodus nid oedd peiriant recordio wedi dod yn gyffredin ar y pryd, a bu'n rhaid i mi ysgrifennu nodiadau helaeth ar bob cyfweliad.

Dyma fraslun o fywyd tri o frodorion Penbryn a Llangrannog a gyfrannodd gymaint, fel llawer o rai tebyg mewn ardaloedd eraill, at gymeriad a naws eu cymunedau gwledig yn hanner cyntaf yr ugeinfed ganrif.

JOHN OWEN, Penddôl, Penbryn

Ganwyd John Owen tua 1868 mewn tyddyn bychan ger Tresaith, yn fab i labrwr a ddadlwythai'r llongau bach ar draeth y pentre. Y prif gynnyrch a fewnforid oedd cwlwm (llwch glo carreg) a chalch. Yn aml byddai'n rhaid bod ar y llongau mor gynnar â thri o'r gloch y bore, a thelid rhyw hanner coron i weithiwr i 'arllwys llong'. Gadawodd John Owen ysgol Penmorfa pan oedd tua deg oed, a mynd yn was bach ar fferm gyfagos gan weithio o saith y bore tan saith y nos bob dydd. Ei brif waith oedd glanhau cytiau'r anifeiliaid a helpu'r ail was neu'r tenant yn ei amryw ddyletswyddau gyda'r anifeiliaid. Y gwas mawr oedd y fforman ac ef fyddai'n gofalu am y ceffylau ac yn arwain y llafurwyr ar faes y cynhaeaf gwair ac ŷd. Câi John Owen dâl o £2 y flwyddyn, i'w godi i £3 ar ôl y flwyddyn gyntaf. Yn ôl John byddai ei dad yn gweithio am bedair ceiniog y dydd, ac ar y gyflog honno ac ychydig o'r tyddyn chwe erw, magodd bedwar o blant. Yn ddiweddarach, aeth John Owen i weithio ar fferm yr Esger, ger Tresaith, yn ail was am £7 y flwyddyn, ac yna yn was mawr am £12. Cadwai fuwch, mochyn ac ieir ar ddyddyn Maesllwyn.

Ymhen amser aeth i weithio ar y ffordd a ffermio tyddyn Penddôl. Yr oedd yn Gymro uniaith bron, ond talai barch i'r ymwelwyr a ddôi i'r fro.

JAMES THOMAS, Craigfryn, Llangrannog
Cefnder i fy mam oedd James Thomas, a anwyd yn 1870 yn Pencwm, Penbryn. Pan oedd yn 17 mlwydd oed gadawodd ei waith fel gwas fferm i fynd i'r môr ar sgwner o'r enw *Montrose* dan gapteiniaeth Capten Griffiths – 'Y Capten Bach' – o Sarnau. Am flwyddyn bu'n hwylio'r glannau, ond yn fuan penderfynodd fod mwy o ddyfodol mewn hwylio ar led. Dan gapteiniaeth danllyd Capten Jones, Ffynnon-wen, ar frig, aeth ar ei fordaith gyntaf o dros chwe mis i Brazil, Oruba ac India'r Gorllewin, i ddychwelyd i Amsterdam. Nesaf hwyliodd o Gaerdydd ar yr *Isabel Brown* o Glasgow dan gapteiniaeth morwr o Geinewydd ar fordaith i Montevideo ac Ynysoedd Chincha, ac yna i Rangoon gyda chargo o reis i Falmouth. Yr oedd y reis i fod i gael ei ddadlwytho yn Hamburg, ond yn 1891 yr oedd pla dychrynllyd yn y porthladd a bu'n rhaid troi'n ôl am Harwich. Am flynyddoedd wedyn gwasanaethodd James Thomas o flaen y mast ar nifer o longau stêm Caerdydd, gan hwylio bob amser dan gapteiniaeth rhywun o Langrannog.

Priododd â merch morwr arall, Thomas Thomas, a adwaenid fel 'Twm y Tonnau' oherwydd digwyddiad anffodus ar graig ger Llangrannog. Yna bu'n gwasanaethu ar longau Llangrannog, megis yr *Albatross* a'r *Eliza Jones*, y *Mary Ellen* a'r *Eagle* nes iddo ymddeol tua 1920. Etholwyd ef yn flaenor yng nghapel Bancyfelin ac ymhyfrydai'n fawr yn y swydd honno.

ANN DAVIES (NANO'R FELIN)

Un o'r cymeriadau mwyaf ffraeth ei thafod a gyfarfûm yn fy ngwaith maes oedd Ann Davies, neu Nano'r Felin, a fu farw yn 1957 ymhell dros ei phedwar ugain oed. Gwisgai het ffelt ar ei phen, dwy neu dair pais, ffedog sach Spillers, sanau duon a chlocs. Am flynyddoedd ar ôl marwolaeth ei thad, Nano oedd melinydd y fro mewn cyfnod pan oedd Melin Llanborth yn brysur dros ben nid yn unig fel melin, ond hefyd fel canolfan gymdeithasol. Yr oedd ganddi wyneb hyfryd a'r llais alto mwyaf cyfoethog a glywais erioed. Hyd yn oed yn hen wraig yr oedd yn dal i sôn am garwriaeth y dyddiau a fu ac am y ffermwr cyfoethog a briododd ag un arall cyn dydd eu priodas nhw. Bu ar ymweliad â Pharis unwaith, yn cael ei thrin am y gynddaredd gan yr enwog Louis Pasteur a'i dîm o feddygon – 'Hen fois iawn' yn ôl Nano.

Cafodd un trafferth mawr yn y Felin. Rhyw brynhawn Sul, glaniodd cwch pysgota Ffrengig ar draeth Penbryn a phrynodd Nano ddwsin o bysgod ganddynt. I'r blaenoriaid cul pennaf, yr oedd hyn yn bechod anfaddeuol a bu raid i Nano 'fynd o flaen seiat' i ateb am ei chamweddau. Yn ffodus yr oedd ganddi ddigon o wybodaeth am rai o'r blaenoriaid fel na feiddient baratoi unrhyw gyhuddiad yn ei herbyn.

Yn ei chartref digon garw ac amrwd byddai Nano'n cadw 'visitors', a'r mwyaf amlwg o'r rheiny am flynyddoedd lawer oedd teulu Mr Tom Lewis, Cyfarwyddwr Addysg Aberdâr, ei wraig Gwladys, eu merch a'u tri mab a fyddai yno trwy gydol mis Awst. Y mwyaf nodedig o'r teulu hwnnw oedd y bardd Eingl-Gymreig Alun Lewis a laddwyd yn India yn ystod y rhyfel ac a gredai nad oedd neb tebyg i Nano'r Felin.

Yn wŷr ac yn wragedd, yn ffermwyr ac yn weision fferm, yn ysgolfeistri a phregethwyr, yn forwyr ac yn labrwyr, cefais y fraint o adnabod pobl arbennig iawn. "Heb y rhai hyn", medd Ecclesiasticus, "nis cyfaneddir dinas. Eithr maent hwy yn cynnal y byd a'u dymuniad sydd yng ngwaith eu celfyddyd." Fy mraint i oedd cael y cyfle i astudio'r gymdeithas wledig ac i gyfrif fy hun yn un ohonynt.

Yn dilyn cyhoeddi *Life in the Welsh Countryside* gan Alwyn D. Rees, bu astudiaethau cymdeithasegol o ardaloedd lawer o Gymru yn hynod boblogaidd. Yn fy rhagflaenu i, cafwyd astudiaethau o Dregaron (Emrys Jones), Penllyn (Trefor M. Owen), Aberdaron (Tom Jones Hughes) ac Aber-porth (David Jenkins). I mi, pleser pur oedd dod i adnabod fy mhobl fy hun – y graig o'r hon y'm naddwyd.

Am Loegr – Caerlŷr a Reading

WEDI rhai diwrnodau fel darpar gapten diwydiant, daeth yn glir iawn i mi na fyddai gennyf byth obaith o gyrraedd uchelderau gweinyddol yn y maes hwnnw. Ar y naill law, prin oedd fy niddordeb mewn materion yn ymwneud ag adeiladu, ac ar y llaw arall ychydig o gymwysterau oedd gennyf mewn offer technolegol a materion mathemategol. Hyd y dydd heddiw rwyf yn hollol anllythrennog o ran cyfrifiaduron, ac mae unrhyw beth yn ymwneud â thrydan a thechnoleg fodern ymhell o'm cyrraedd. Fel darpar feistr yr oeddwn yn llawer rhy barod i gymysgu â rhai o'm cydweithwyr, nifer ohonynt yn ddynion caled o rannau mwyaf garw Abertawe, megis Townhill a St Thomas. Fel pechadur o flaen seiat Fethodistaidd, cefais fy nwyn o flaen blaenoriaid y cwmni – Iddewon y rhan fwyaf – i'm rhybuddio rhag peryglon y ddiod gadarn a chyfathrachu â'r werin. Daeth yr awr i hel pac o ddociau Abertawe, er mawr ryddhad i benaethiaid y cwmni, mae'n sicr.

Yr oeddwn wedi gweld hysbyseb yn y *Times* wythnosau cyn hynny am swydd yn Amgueddfa Caerlŷr, sef swyddog dan hyfforddiant, am dâl o £400 y flwyddyn, a darllenais ychydig am yr amgueddfa honno yn y llyfrgell. Roedd Amgueddfa Caerlŷr yn fawr, yn cynnwys chwe adran ac yn cynnal chwe amgueddfa ar hyd a lled y ddinas. Dyna geisio am swydd y *Student Assistant*. Ar noson niwlog a diflas es am gyfweliad gan adael ar drên o Abertawe tua deg o'r gloch y nos. Roedd yn rhaid newid trên yng Nghaerloyw cyn symud ymlaen i Birmingham a chyrraedd diflastod gorsaf New Street tua tri o'r gloch y bore. Heb dân, heb ddiod, na llawer o gysgod, treuliais oriau diflas yn nhywyllwch y ddinas cyn gadael ar y trên saith i Gaerlŷr. Roedd gennyf oriau lawer i'w gwastraffu yn y ddinas honno hefyd cyn y cyfweliad yn y prynhawn. Ond y prynhawn hwnnw cyfarfûm am y tro cyntaf â Trevor Walden, Cyfarwyddwr yr amgueddfeydd a ffigwr amlwg iawn ym myd amgueddfeydd Prydain. Yr oedd yn berson hynod o gynnes ac annwyl, a daeth yn gyfaill agos iawn i mi yn y blynyddoedd canlynol tan ei farwolaeth sydyn yn ŵr ifanc pan oedd yn Gyfarwyddwr Amgueddfa Glasgow. Cefais fy apwyntio i'r swydd a oedd i gychwyn yn hydref 1952, ond cyn symud i ganolbarth Lloegr yr oedd gennyf draethawd MA i'w gwblhau, ac am fisoedd pleserus yr haf hwnnw anghofiais y cwbl am ddiwydianwyr diflas Iddewig ein gwlad.

Ar ddiwrnod gwlyb a niwlog, 1 Tachwedd 1952, fe ddechreuais weithio ym mhrif adeilad yr amgueddfa yn New Walk. Gan aros mewn cyfres o westai bychain a thai lojin digon garw, yr oeddwn yn ddigon hapus yn y ddinas. Yr oedd yno Gymdeithas Gymraeg, ac nid oeddwn yn rhy bell o Birmingham lle treuliais sawl penwythnos gyda Dan a Margaret Griffiths o Benmorfa, gan brofi croeso tywysogaidd. Yr oeddwn yn hapus yn y gwaith hefyd, yn treulio'r rhan fwyaf o'm hamser yn y Newark Houses a Belgrave Hall, canolfannau'r casgliadau hanesyddol. Y pennaeth oedd cymeriad hynaws o dras

Cymreig, sef John Daniell, a oedd yn awdurdod ar hanes clociau Lloegr. Mae un o'r clociau a ddarganfu John ac a brynais am £25 yn dal i gadw'r amser yn ein tŷ ni, ac y mae ymhlith y darnau dodrefn mwyaf gwerthfawr a fu gennym yn ein cartrefi oll. Mae'n debyg i'r hen gloc gael ei wneud gan William Parkinson o Lancaster yn 1714, ac mae'n dwyn i gof y cyfnod byr ond pleserus a dreuliais ymysg cydweithwyr Seisnig a ddysgodd lawer i mi am egwyddorion cadwraeth. Mae rhai o'r cydweithwyr hynny wedi parhau'n gyfeillion i'r dydd heddiw. Ni welais ddim ond caredigrwydd yn y ddinas ddieithr honno.

Ryw noson wrth wrando ar *Radio Newsreel* clywais sgwrs fer am ddatblygiad pwysig iawn ym Mhrifysgol Reading, sef sefydlu amgueddfa newydd, The Museum of English Rural Life, yr ymgais gyntaf o bosib i ddatblygu sefydliad addysgiadol yn ymwneud â thraddodiadau'r Lloegr wledig. Tybed a oedd Sain Ffagan Saesneg ar y gorwel? Bûm yn ddigon hy i ysgrifennu gair at yr Is-Ganghellor, neb llai na John Wolfenden (yr Arglwydd Wolfenden yn ddiweddarach) yn datgan fy niddordeb mewn swydd yn y sefydliad newydd. Gyda chefnogaeth brwd Trevor Walden cefais fy apwyntio'n Is-Geidwad yno, i ddechrau ym Mawrth 1953. Yn sicr dyma achlysur pwysicaf a mwyaf tyngedfennol fy mywyd, penodiad a oedd i ddylanwadu ar weddill fy mywyd personol ac academig. Roedd yn dipyn o fraw i Gardi o gefn gwlad y Gymru Gymraeg ei gael ei hun yn awyrgylch hollol Seisnig Berkshire. Cefais swydd fel is-warden Whiteknights Hall of Residence, sef neuadd breswyl i ryw hanner cant o fyfyrwyr, a phob un yn Sais. Yno yr oedd yn ddyletswydd i fynychu cinio ffurfiol bob nos Iau mewn gwisg academig, a chynhelid partïon coctel yn aml. Gyda warden Whiteknights, John Higgs (Syr John Higgs a wasanaethodd ar staff y teulu brenhinol yn ddiweddarach), bûm ar ymweliadau â'r *regatta* yn Henley, y rasio ceffylau yn Ascot ynghyd â mynychu partïon niferus; dysgais chwarae *croquet* ar lawnt y neuadd yn ogystal.

Roedd bywyd cymdeithasol y brifysgol yn apelio'n fawr ataf, ac wedi hanner can mlynedd mae fy nghyfeillion agosaf heddiw yn dyddio'n ôl i'r cyfnod hwnnw. Wrth gwrs yr oedd rhyw awyrgylch uchel-ael a snobyddlyd dychrynllyd yn perthyn i'r sefydliad crachaidd academig hwn. Cefais fy nghystwyo unwaith am alw porthor Whiteknights Hall, Charles Worship, yn 'Charlie' yn hytrach na 'Worship'. *Bad form* oedd y term a ddefnyddid am hynny, ond i mi, gŵr diymhongar, ychydig yn wasaidd, oedd Charlie, a fu unwaith yn gricedwr o fri, ac a enillodd enwogrwydd fel bowliwr craff i un o siroedd Lloegr.

Yr oedd cyfarfodydd Penmorfa yn bell iawn erbyn hyn. £450 y flwyddyn oedd fy nghyflog a chawn fy nhalu bob tri mis. Yr oedd fy maich ariannol mor drwm yn ystod un tymor fel nad oedd y swm a dderbyniais yn ddigon i dalu fy nyled am fwyd a diod, yn enwedig yn y neuadd breswyl. Bu'n rhaid ymweld â'r bwrsar – gŵr crebachlyd, a sarrug – a phledio'r posibilrwydd o dâl misol yn hytrach na chwarterol. Ei unig ateb oedd, *'Most irregular, Jenkins.'* Dyna pryd y dechreuais ysgrifennu erthyglau i gylchgronau Saesneg, megis *Country Life*, *The Countryman*, *Tatler* a *Sphere*.

Yr oedd bywyd yn bleserus iawn yn Whiteknights, ond buan y sylweddolais y byddai'n rhaid i mi adael y bywyd afradlon a chostus a ffeindio llety yn y dre. Dyna sut y cyrhaeddais Pell Street ac aelwyd Bill ac Ann Hooper. O

fewn wythnos teimlwn fy mod wedi mynd o'r ffreipan i'r
tân, oherwydd er holl groeso yr aelwyd ddiymhongar, yr
oedd y teulu'n ddigon afradlon. Yr oeddynt yn awyddus
iawn i ddangos gogoneddau'r wlad i mi, yn enwedig
Wiltshire o lle yr hanai'r ddau. Bob Sul byddwn yn eistedd
ar biliwn motor-beic Royal Enfield Bill, gyda'i wraig yn y
sidecar, i dreulio diwrnod ar ei hyd yn Fforest Savernake a
threfi fel Marlborough a Ludgershall. Gwelais nifer fawr o
dafarndai'r Lloegr wledig yn ystod y flwyddyn a dreuliais
yn Pell Street, ond yr oedd hefyd yn agoriad llygaid i mi
i flasu ychydig o groeso cynnes gwladwyr Seisnig ac i
edmygu gogoneddau rhai o bentrefi cefn gwlad Lloegr.
Yr oedd Bill Hooper wedi bod yn gerddor bendigedig
yn ei ddydd, yn chwarae'r ffidil ar fwrdd llongau Cunard
a hwyliai ar draws yr Iwerydd, ond erbyn i mi ddod i'w
adnabod yr oedd dyddiau blin wedi cyrraedd. Gyrrwr
lorri achlysurol ydoedd, ac un o gefnogwyr mwyaf
brwd clwb pêl-droed Reading, ond yr oedd ei galon yn
unigeddau Fforest Savernake. Roedd ei wybodaeth o
dafarndai a chwrw'r ardal honno'n anhygoel, ac yr oedd
yn achlysur arbennig pan fyddai Bill yn dod â'i ffidil o'r
sidecar ac yn chwarae'r alawon mwyaf bendigedig i
gwsmeriaid y bar. Cwrw oedd y tâl, wrth gwrs. Yr oedd
Ann y wraig yn gogyddes arbennig iawn a bu'n gweithio
i nifer o ddeuluoedd aristocrataidd Berkshire. Yn anffodus
yr oedd yn ysmygu'n drwm a byddai sigarét yn ei cheg
bob amser pan oedd yn paratoi bwyd. Yn ogystal â hynny,
byddai'r sbaniel Gina, y terrier Floss, a'r cwrcath coch
Towser, yn llawer rhy agos i'r bwrdd paratoi bwyd ac yn
cyfrannu o ddarnau ohono.

Yn yr haf byddwn yn treulio tipyn o amser ar y maes
criced yn chwarae fel batiwr i bentre Shinfield ac i dîm

aelodau staff y brifysgol. Ni allaf ddweud fy mod wedi disgleirio, ond mwynder pur oedd ymweld â phentrefi gwledig y rhanbarth ar brynhawn Sadwrn neu Sul. Yr oedd nifer o'r pentrefi hynny yn ddigyfnewid ers canrifoedd.

Heblaw dod yn agos at wladwyr Lloegr yn gymdeithasol, yr oedd llawer o'r gwaith yr ymgymerais ag ef yn ymwneud â chrefftwyr cefn gwlad; gwaith ymchwil a oedd i ddwyn ffrwyth yn ddiweddarach yn y gyfrol *Traditional Country Craftsmen* (1965). Gwelais ddiwedd traddodiad mewn ambell i grefft a theimlwn ei bod yn ddyletswydd arnaf i recordio a chofnodi'n fanwl holl brosesau gwahanol grefftau cyn iddynt ddiflannu a mynd yn angof; yn sicr ni ddylid casglu gwrthrychau yn unig heb ddarganfod eu hanes. Heb yr wybodaeth berthnasol, dibwys yw casgliad, pa mor fawr a gwerthfawr bynnag y mae. Yr oedd hynny'n rhan o'n polisi, a diolchwn fod gennyf benrhyddid, heb fynd dros ben llestri, i gasglu gwybodaeth drylwyr am hanes a gwaith pob crefftwr trwy ffilm a record.

Y crefftwr cyntaf i mi ei recordio oedd Owen Dean o Great Hampden yn swydd Buckingham, yr olaf o wneuthurwyr coesau cadeiriau (*chair bodger*) y fro. Â thyrn ffon (*pole lathe*), treuliodd Owen ei holl fywyd, fel ei gyndeidiau, yn cynhyrchu rhannau i gadeiriau Windsor yn y fforestydd ffawydd o amgylch High Wycombe. Yna y teulu Sims o Pamber End, ger Aldermarston, a gynhyrchai gribinau gwair pren. Yn y cyfnod hwnnw yr oedd cymaint o alw am racanau pren fel bod Ernest a'i ddau fab yn gweithio amser llawn. Nid nepell o weithdy Ernest Sims yr oedd Alfred West yn gweithio fel gwneuthurwr ysgubellau bedw (*birch brooms*), yn union

fel cenedlaethau o'i flaen. Yn fuan wedi i mi ei recordio
bu Alfred farw – yr olaf o'r cannoedd o'r *broom squires*
a fu unwaith mor gyffredin yn ne Lloegr. Arbenigai ei
berthynas Len West gerllaw ar gynhyrchu llidiardau i
gorlannau defaid y bryniau, gan ddefnyddio coed helyg
ar gyfer y gwaith. Cofnodais nifer o grefftwyr eraill, gan
gynnwys carpedwyr Fforest Wyre, basgedwyr Sedgemoor
a thowyr tai Rhydychen.

Yng nghefn gwlad Lloegr nid oes sôn bellach am
durnwyr coed na gwneuthurwyr llestri llaethdy, am
wneuthurwyr lledr na gwneuthurwyr casgenni. Yn y
pumdegau deuthum o hyd i nifer o grefftwyr traddodiadol
mewn lleoedd digon annisgwyl. Pwy fyddai'n meddwl,
er enghraifft, am saer olwyn yn adeiladu wagenni pedair
olwyn traddodiadol ym mhentre Colnbrook, sydd
bellach yn rhan o faes awyr Heathrow, neu am y grŵp
o gowperiaid a gynhyrchai gasgenni mewn gweithdy yn
Dean Street, Soho, Llundain, islaw'r Heaven and Hell
Club? Gwnaed ymgais i gasglu enghreifftiau o holl offer
pob crefft i gasgliad yr amgueddfa newydd. Yr oedd yn
gyfnod prysur a chyffrous, ac er bod y crefftwyr eu hunain
wedi diflannu o'r tir erbyn hyn, ynghyd â'u gwahanol
grefftau, o leiaf mae'r cofnod o'u gweithgarwch a'u hoffer
yn ddiogel yn amgueddfa Prifysgol Reading. Wrth i mi
astudio gwaith crefftwyr Lloegr deuthum yn hoff iawn o'r
bobl a chrewyd ynof barch at eu hanes a'u traddodiadau.

Yr oedd y dasg o greu casgliad arwyddocaol o greiriau'r
wlad yn un enfawr, ac yn ogystal â'r offer crefft ac amaeth
yr oeddwn yn gyfrifol amdano, cymerais ddiddordeb
arbennig yn y wagenni pedair olwyn a ddefnyddid ar
ffermydd Lloegr dros y canrifoedd, yn fwyaf arbennig
i gario'r cynhaeaf gwair ac ŷd. Yr oedd gwneuthuriad a

chynllun y rhain yn anhygoel o wych. Buan y sylweddolais fod gan bob rhanbarth o'r wlad ei math arbennig o wagen, ac yr oedd yna o leiaf 27 o wahanol fathau. Mesurais bron 700 o'r rhain ar hyd a lled y wlad a cheisiais gael enghraifft o bob math i'r amgueddfa yn Reading. Nid gwaith bach oedd ceisio creu lle iddynt, gan fod pob un yn mesur tros 12 troedfedd o hyd. Bûm yn ymweld â nifer fawr o seiri olwyn ar hyd a lled y wlad, a'r rhan fwyaf ohonynt yn oedrannus iawn erbyn hynny. Mae'n bosibl i'r penllanw gyrraedd pan gyhoeddwyd fy llyfr *The English Farm Wagon* a ddaeth yn boblogaidd o leiaf yn rhai o brifysgolion Dwyrain Ewrop yn 1961. Ailgyhoeddwyd y gyfrol yn 1972 a 1981 fel un o gyhoeddiadau Prifysgol Reading. Medd y broliant i'r trydydd argraffiad:

The first edition of this book was widely acclaimed as the first detailed and comprehensive study of an agricultural artefact to be published in England. The survey on which it was based was carried out just in time to catch a large sample of wagons before they disappeared for ever, and to record information, precariously held in the memories of the oldest members of the community, before it was irrevocably lost.

Efallai mai'r gwaith ymchwil mwyaf gwahanol a ddaeth i'm rhan oedd astudiaeth o'r wagen bedair olwyn, na welais erioed mohoni cyn cyrraedd Reading. Daeth yr hen wagen â nifer o wahoddiadau yn ei sgil i ddarlithio ar hyd a lled Ewrop a Gogledd America.

Agwedd arall o'r gwaith oedd fy nghysylltiad nid yn unig ag amgueddfeydd a chrefftwyr ar draws y wlad, ond hefyd â chasglwyr wagenni, yn eu mysg un o gyfarwyddwyr Marks and Spencer, a chwmni gwirodydd Pernod. Bu Bernard Miles (Arglwydd Miles) o theatr y Mermaid yn Llundain yn un o'r mwyaf brwdfrydig o'm cyfeillion, a chefais y fraint o'i glywed mewn rhaglen *On the Wagon* pan oedd Nansi a minnau'n westeion yn y theatr honno. Wedyn cawsom swper gyda Bernard a'i briod, a Lindsay Anderson, y cyfarwyddwr ffilm nodedig.

Yr oedd y gwaith o adeiladu casgliad sylweddol o offer fferm a chrefft, o angenrheidiau'r gegin a'r llaethdy, ac o wrthrychau'n ymwneud â bywyd cymdeithasol pobl wledig, yn bleser o'r mwyaf. Byddwn yn teithio'n aml yn lorri Bedford y brifysgol, gyda Jeff yn gyrru, i bob rhan o'r wlad i gasglu gwrthrychau mawr a bach.

Yr oedd yr amgueddfa ei hun ym mhlasty Whiteknights House, gyda'r wagenni a'r erydr ac offer mawr arall yn cael eu cadw naill ai yn yr awyr agored neu mewn hen wersyll milwrol cyfagos. Buan y tyfodd y casgliadau, ac yr oedd yn bwysig dros ben fod pob gwrthrych yn cael ei gofnodi'n fanwl, gyda llun a gwybodaeth drwyadl ar bob un. Gwaith hir a diflas oedd cofnodi'n fanwl, er enghraifft, holl gynnwys gweithdy saer olwyn a allai olygu dros dair mil o eitemau. Y mae gwrthrych, pa mor ddeniadol bynnag ydyw, yn ddibwys a bron yn ddiwerth os nad yw ei gefndir wedi ei gofnodi. Dyna, efallai, y gwahaniaeth rhwng casglwr hen bethau a swyddog amgueddfa. Prif bwrpas casgliad yw cynrychioli cymeriad a hanes y gymdeithas a roddodd fodolaeth i'r gwrthrych arbennig a gesglir. Cymerwch er enghraifft y gwaith o gofnodi ac astudio cyryglau afonydd Cymru. Heb y cefndir hanesyddol a dynol, hen gwch digon anniddorol yw'r cwrwgl, ond mae llawer mwy iddo na'i osod mewn oriel amgueddfa. Yn gynnar iawn yn fy ngyrfa, sylweddolais na ellid casglu popeth a bod yn rhaid dewis yn ofalus dros ben gan anghofio'r gwrthrych hwnnw nad oedd yn adlewyrchu bywyd y gymdeithas. Gyda phrofiad mewn amgueddfa sylweddolais mai dim ond cyfran fechan o'r pethau a gynigid i'r amgueddfa oedd yn werth eu casglu. 'Selected collection' oedd y nod yn y Museum of English Rural Life, yr ychwanegwyd y teitl Institute of Agricultural History ati o fewn ychydig flynyddoedd.

Yr oedd fy ngwaith yn Reading yn cynnwys darlithio ar hanes amaeth i flwyddyn gyntaf y cwrs gradd mewn Amaethyddiaeth o fewn y brifysgol. Roedd yn anodd credu fod hynny o ddiddordeb arbennig i fyfyrwyr Botaneg amaethyddol ac arbenigwyr eraill. Yn waeth na dim cynhelid y cwrs darlithiau gorfodol hwn, diolch i'r Athro Economeg Amaeth a Deon y Gyfadran, yr Athro Edgar Thomas o Lanfynydd, sir Gâr, am bump o'r gloch bob prynhawn dydd Gwener, amser anffodus i rywun oedd am ddianc i Gaerdydd i weld ei gariad. (Yr oedd Mrs Edgar Thomas yn chwaer i Syr Thomas Parry-Williams, a phrofais lawer o groeso ar ei haelwyd.)

Yn raddol bach daeth gwahoddiadau i ddarlithio i ddosbarthiadau allanol ac i gymdeithasau hanes. Cofiaf am fy narlith gyhoeddus gyntaf ar 'Rural Crafts and Industries' yn neuadd tref High Wycombe. Darllenais bob gair â cheg sych a dwylo sigledig. Gydag amser fe wellodd pethau, a phan es i Marlow a Wootton Bassett, Wellingford a Marlborough, Kingston Bagpuze a Pang-bourne, yr oedd y llais yn llai crynedig a dibynnwn lai ar fy nodiadau. Cefais groeso arbennig iawn gan drigolion y pentrefi hynny.

Daeth bywyd dyn sengl, a oedd ychydig yn wyllt ac yn barod i yfed cwrw a gwin bob nos, i ben gyda phriodas. Ar ddiwrnod oer o aeaf priododd Nansi a minnau yng nghapel y Presbyteriaid yn y Drenewydd gyda'r Parchedigion Huw Jones a D. Tudor Jones yn gwasanaethu, a'm hen gyfaill o ddyddiau Aberystwyth, Hywel Lloyd o Dre-saith, yn was priodas. Ar ôl brecwast yng ngwesty'r Elephant and Castle aethom ar ein mis mêl yn y rhew a'r eira i Gaerefrog a Chaeredin cyn dychwelyd i ddechrau ein bywyd priodasol yn Reading. Isel iawn oedd cyflog darlithydd cynorthwyol bryd hynny, ac yr oedd yn anodd cael dau ben llinyn ynghyd. Diolch byth am gylchgronau Saesneg.

Ym mis Mehefin 1955 ganwyd ein mab David Huw (rheolwr Banc Lloyds erbyn hyn), a'n hail fab John Richard yn Awst 1956 (bu farw o'r clefyd ofnadwy MS yn y flwyddyn 2000 wedi gyrfa lwyddiannus dros ben fel artist a gwneuthurwr mapiau). Ar ôl byw mewn fflat yn agos i ganol tref Reading am rai blynyddoedd, symudasom allan i bentre gwledig Swallowfield ar y ffordd i Basingstoke ryw saith milltir o Reading ar y ffin â Hampshire. Yn y bwthyn o friciau coch, a lawnt a gardd o'i flaen, cawsom bleser o'r mwyaf yn cymysgu â gwladwyr Saesneg go iawn ac yn mynychu pob achlysur yn y pentre. I'r dydd heddiw, a ninnau'n gadael y pentre yn 1960, mae ein cysylltiadau a'n cyfeillgarwch â nifer o bobl Swallowfield yn parhau. Gyda gwraig arbennig a dau fab annwyl, roedd Swallowfield yn nefoedd.

Bu'r wyth mlynedd a dreuliais ar staff Prifysgol Reading yn rhai pwysig a thyngedfennol i mi. Es yno yn 1953 yn ŵr ifanc dibrofiad a oedd yn bur nerfus yng nghwmni pobl ddeallus Saesneg eu hiaith. Ar hyd y daith dechreuais fagu tipyn o hunanhyder, a chydag amser yr oeddwn yn fwy parod i siarad yn gyhoeddus a chymryd rhan ym mywyd academaidd prifysgolion Lloegr, ynghyd â chyfrannu yn ôl fy ngallu i weithgarwch nifer o sefydliadau cenedlaethol. Gwnaed fi yn ysgrifennydd adran Brydeinig y Royal Anthropological Institute yn Llundain, yn ysgrifennydd ac yn ddiweddarach yn gadeirydd y Museum Assistants Group ac yn gadeirydd adran hanes cymdeithasol y Museums Association. Cyfarfûm â phobl nodedig iawn yn y cyfnod yma: penaethiaid amgueddfeydd o'r Cyfandir, a hyd yn oed yr enwog Athro H. J. Fleure, yntau'n oedrannus erbyn hyn ond â'i galon yn Aberystwyth a'r Adran Daearyddiaeth ac Anthropoleg a sefydlodd yno yn y 1920au. Breuddwyd mawr Fleure oedd sefydlu amgueddfa genedlaethol fel Sain Ffagan yn ymwneud â bywyd Lloegr. Fel ysgrifennydd y grŵp cefais y fraint o ymweld â llawer i blasty crand yn Lloegr ond ni ddaeth dim o'r cynlluniau. Yr agosaf, efallai, oedd plasty Mapledurham yn Nyffryn Tafwys, rhwng Reading a Rhydychen, a allai fod yn ganolfan bendigedig i ddatblygiad o'r fath.

Ond daeth yn amser i symud ymlaen o swydd is-geidwad a darlithydd cynorthwyol prifysgol i rywbeth gwell. Wedi ceisio fan hyn a fan acw am swydd, cefais fy apwyntio i ddwy swydd yn yr un wythnos: fel Is-Geidwad yn Amgueddfa Gwyddoniaeth (Science Museum) Llundain, a Darlithydd yn Adran Allanol Prifysgol Glasgow i fod yn gyfrifol am ddosbarthiadau ardal Dumfries. Ond daeth Dr Iorwerth Cyfeiliog Peate, Curadur Amgueddfa Werin Sain Ffagan, i'm hachub drwy gynnig swydd i mi ar ôl fy nghlywed yn darlithio mewn cynhadledd bywyd gwerin ym Mhrifysgol Caeredin. Dyma fentro felly ar gam arall yn fy ngyrfa, a'r tro hwn ymysg fy mhobl fy hun.

Gadewais Reading yn llawer mwy hyderus na phan euthum yno gyntaf wyth mlynedd ynghynt. Yr oeddem yn hapus yno fel teulu, ond yr oedd Cymru'n galw. Teimlwn ym mêr fy esgyrn fod yn rhaid magu David a Richard yn Gymry Cymraeg, hyd yn oed yng nghanol holl Seisnigrwydd pentre Swallowfield; pentre ffiwdal o dai gweithwyr tir a dalai wrogaeth i arglwydd y plas. O ddychwelyd i Gymru gwyddwn y byddai Cymreictod fy meibion yn ddiogel.

I Sain Ffagan

A R Ddydd Gŵyl Dewi 1960 dechreuais ar fy swydd
newydd fel Is-Geidwad yn Amgueddfa Werin
Cymru. Fy mhrif gyfrifoldeb oedd y casgliadau'n
ymwneud â chrefftau a diwydiannau gwledig. Yr oedd
yno grefftwyr yn arddangos eu crefft i'r cyhoedd; dynion
fel William Morris, y gwehydd, David Davies y basgedwr
a Will Evans y turniwr coed. Yn fuan wedi cyrraedd
penderfynais fod yn rhaid cael rhagor o grefftwyr traddod-
iadol i ddangos crefftau a oedd mewn perygl o ddiflannu
o'r tir heb unrhyw ymgais i'w cadw fel rhai hanfodol
o fywyd Cymru. Bu gennyf gynllun uchelgeisiol i gael
prentis i bob un o'r meistri crefft, a oedd mor bwysig i'r
traddodiad. Yn eu tro cafwyd melinydd (yn gweithio ym
Melin Bompren), gof (yn efail Llawr-y-glyn), cowper,
cyfrwywr, clocsiwr a phobydd, a bu nifer o grefftwyr
gwadd yn arddangos eu crefft yn achlysurol.

Law yn llaw ag arddangos crefftau o fewn yr
amgueddfa, bûm yn gyfrifol am waith maes trwy
Gymru benbaladr i wneud cofnod llawn ar ffilm a thâp
o amrywiaeth helaeth o grefftwyr traddodiadol. Ynghyd
ag ysgrifennu'n fanwl ar bob crefft, gwnaed ymgais i
gasglu enghreifftiau o offer pob un. Yn raddol adeiladwyd
casgliad eang, a chan mai fi oedd un o'r ychydig oedd yn

gweithio yn y maes, cefais rywfaint o barch – boed yn ddyledus neu beidio – fel arbenigwr ar ddiwydiannau gwledig.

Ar hyd fy holl yrfa ym myd hanes economaidd a chymdeithasol, roeddwn yn argyhoeddedig fod gwaith ymchwil trwyadl yn hanfodol, a bod amgueddfeydd yn gofgolofnau i ddycnwch ymchwilwyr yn bennaf. Cyfrannodd nifer ohonynt, megis y ddiweddar Minwel Tibbott ynghyd â'm cydweithwyr yn nociau Caerdydd, i ysgolheictod yng Nghymru gyda'u gwaith yn sylfaen i bob arddangosfa o bwys.

Yn fuan ar ôl cychwyn yn Sain Ffagan penderfynais y dylwn ymchwilio mor ddwfn â phosibl i hanes ambell grefft yng Nghymru. Wedi rhai blynyddoedd yn edrych ar grefft y saer olwyn yn Lloegr a Chymru, ac yn wir ar gyfandir Ewrop a Gogledd America, treuliais rai blynyddoedd yn astudio'r mwyaf adnabyddus o ddiwydiannau gwledig Cymru – y diwydiant gwlân. O'r Oesoedd Canol hyd ganol yr 20fed ganrif, y diwydiant hwn oedd y mwyaf cyffredin o holl ddiwydiannau'r Gymru wledig ac yr oedd yn amhosibl teithio rhagor na milltir neu ddwy heb ddod ar draws rhyw dystiolaeth o bresenoldeb y grefft. Yr oedd gweithwyr gwlân – rhai ohonynt yn gweithio mewn ffatrïoedd, ac eraill yn eu cartrefi – mor angenrheidiol i'r gymdeithas wledig â'r saer coed neu'r gof, ac nid oedd ardal yng Nghymru heb ei gwehyddion a'i phanwyr, ei chribwyr a'i nyddwyr.

Dyna'r traddodiad o weithgarwch a gynrychiolwyd gan ffatri fechan Esgair Moel o gyffiniau Llanwrtyd a ailadeiladwyd yn Sain Ffagan yn y 1950au. Yn yr amgueddfa yr oedd hon yn gweithio'n ddyddiol yn cynhyrchu carthenni a siolau yn fwyaf arbennig ar ffurfiau hanesyddol i'r llu o ymwelwyr. Penderfynais baratoi cyfrol ar Esgair Moel gan ddefnyddio swyddfa'r ffatri fel fy nghanolfan waith ambell brynhawn, gyda thanllwyth o dân a heb drydan na ffôn i darfu ar yr heddwch. Buan y sylweddolais, er hynny, mai'r agwedd mwyaf cyntefig a syml a gynrychiolid gan Esgair Moel. Mewn rhannau o Gymru datblygodd y grefft i fod yn dipyn mwy na galwedigaeth i ateb gofynion y gymdeithas wledig, oherwydd yn yr ardaloedd hynny yr oedd gwehydd yn dibynnu bron yn gyfan gwbl ar allforio gwlanen a brethyn o Gymru i bob rhan o'r byd. Yr oedd Dyffryn Hafren, yn enwedig trefydd fel Llanidloes a'r Drenewydd, yn ganolfannau pwysig i'r diwydiant. Ym Meirion a Dyffryn Ceiriog yr oedd gweithwyr gwlân yn niferus iawn, ac yn Nyffryn Teifi adawaenid pentre bychan Dre-fach Felindre fel 'Huddersfield Cymru.'

Yn y 1960au, astudio'r diwydiant hwn yn ei holl ehangder fu fy mhrif waith ymchwil. Cyhoeddais nifer o lyfrau ar y pwnc ac rwy'n falch dros ben mai fy ngwaith ymchwil a esgorodd ar yr Amgueddfa Wlân Genedlaethol yn Nhre-fach Felindre yn 1976. Nid oedd pawb yn y diwydiant yn cefnogi'r fenter a chofiaf fynychu cyfarfod tanllyd o holl ffatrïwyr Cymru a wrthwynebai sefydlu amgueddfa yn ffatri'r Cambrian a fyddai'n cael mwy o gyhoeddusrwydd a gwerthiant nag unrhyw ffatri arall yn y wlad. Wrth gwrs, erbyn 1970 dim ond rhyw ugain melin oedd ar ôl. Ni chefais gefnogaeth gref iawn gan Iorwerth Peate, chwaith, am ei fod ef yn credu mewn casglu pob peth i Sain Ffagan. I mi roedd hi'n gwneud synnwyr i gael amgueddfa mewn ffatri fawr fel y Cambrian ym mhrif ganolfan y diwydiant gwlân oedd yn nodweddiadol o'r holl ddiwydiant, a chefais fy ffordd.

Er ei bod yn bwysig dros ben fod gweithdai Sain Ffagan yn ganolfannau gweithgarwch, yn dangos dulliau gweithio yn ogystal ag adeiladau ac offer, ambell dro yr oedd yn amhosibl gwireddu'r freuddwyd. Er enghraifft, ni allaf weld tanerdy Rhaeadr Gwy yn gweithio byth eto oherwydd yr aroglau cryf sy'n gysylltiedig â'r broses gemegol o droi croen anifail yn lledr. Fi fu'n gyfrifol am fesur a symud y tanerdy o dref Rhaeadr Gwy ym Maesyfed o fewn blwyddyn i'm hapwyntio i staff yr Amgueddfa Werin.

Gyda staff o dri – sef Albert Jones, y fforman cintachlyd, yr hynaws saer maen Garfield Evans, a'r labrwr Morris Tom Evans o Lanbryn-mair – symudasom yr adeilad enfawr i Sain Ffagan o fewn rhyw chwe wythnos. Yr oedd y diwydiant paratoi lledr yn hynod bwysig yng Nghymru a thanerdy Rhaeadr oedd yr olaf o'i bath, a olygai ei bod yn hanfodol iddo gael ei symud i'r amgueddfa. Cynrychiolai ddiwydiant a oedd yn ail yn unig i'r diwydiant gwlân oherwydd yr oedd tanerdai'r wlad yn cyflenwi cyfrwywyr, clocswyr, cryddion a llu o grefftwyr eraill â defnydd crai angenrheidiol. Wedi gorffen ailgodi'r tanerdy yn Sain Ffagan paratoais lyfryn ar y grefft a threfnais i'r BBC ffilmio'r lle, a hefyd yr holl broblemau a fodolai mewn tanerdy o'r un math a oedd yn dal i weithio ym mhentre Colyton yn Nyfnaint. Methiant llwyr fu'r ffilmio gan i'r tîm camera fethu â dygymod â'r aroglau difrifol a geid mewn tanerdy. Bu'r rhan fwyaf o ofalwyr Sain Ffagan a aeth i Colyton i ddysgu mwy am y grefft yn sâl ofnadwy o ganlyniad i'r arogl, a methodd llawer ohonynt yfed diferyn mewn tafarn ar y ffordd adre. Pa obaith oedd mewn cael y tanerdy i weithio yn yr amgueddfa? Ond o leiaf cefais y boddhad o benodi cyfrwywr, Fred Clarke o'r Rhondda, gŵr hynaws a chrefftwr rhagorol a fu unwaith yn gyfrifol am baratoi harneisiau ceffylau yn y pyllau glo. Am ychydig flynyddoedd bu'r clocsiwr Hywel Davies o Dregaron hefyd yn gweithio yn Sain Ffagan yn achlysurol.

DR IORWERTH PEATE

Pan oeddwn yn dechrau lledu fy adenydd trwy ddarlithio i gymdeithasau ar hyd a lled y wlad, cefais wahoddiad i siarad yng nghyfarfod blynyddol y British Association for the Advancement of Science yn 1958. Yn Glasgow y cynhelid y cyfarfod y flwyddyn honno, a llywydd yr Adran Anthropoleg oedd Dr Iorwerth Peate, Curadur Amgueddfa Werin Cymru. Dyna'r tro cyntaf i mi ei gyfarfod, a chlywais ef yn traethu anerchiad y llywydd ar y testun 'The study of folk life, and its role in defending civilisation.' Yn ddiweddarach cyhoeddwyd y ddarlith dan y teitl 'Astudio Bywyd Gwerin, a'i ran mewn amddiffyn gwareiddiad.'

O'i gymharu â'r syniadau dwfn a gofnodwyd ganddo ef yn y ddarlith honno, digon tila fu fy nghyfraniad i ar agweddau o grefftau gwlad yn Lloegr, ond yn sgil y cyfarfyddiad hwnnw y gwahoddodd Peate fi i lenwi'r swydd yn yr amgueddfa. Rwy'n ddiolchgar dros ben am hynny a mawr yw fy nyled iddo.

Cymeriad rhyfedd oedd Iorwerth Peate. I lawer yr oedd yn ŵr sych a diserch, yn hunanol ac yn or-awdurdodol, yn rheoli Sain Ffagan fel unben brenhinol. Eto i gyd gallai fod yn berson hynaws a charedig tu hwnt, yn llawn hiwmor (nad oedd bob amser yn iach) ac yn gwmni digon difyr. Cyfrifai ei hun yn gryn awdurdod ar grefydd ond ni fyddai byth yn tywyllu lle o addoliad. Yr oedd ei galon, meddai, yn Llanbryn-mair, ond er iddo ysgrifennu'n helaeth ar draddodiad y pentre hwnnw, nid âi byth ar gyfyl y lle ac nid oedd yn fodlon derbyn y ffaith ei fod wedi newid ers dyddiau ei ieuenctid. O leiaf gan fy mod i wedi priodi â merch o ardal Llanbryn-mair yr oeddwn gam ar y blaen i lawer. Iorwerth Peate oedd prif sylfaenydd Amgueddfa Werin Cymru, er y dylid rhoi rhywfaint o glod i Syr Cyril Fox, Cyfarwyddwr Amgueddfa Genedlaethol Cymru, am ei waith yn hyrwyddo astudiaethau gwerin ac yn sefydlu cangen arbennig o'r sefydliad cenedlaethol. Nid oedd Peate bob amser yn barod i gydnabod y cyfraniad hwnnw.

Bob bore am naw o'r gloch byddai Peate yn mynd am ei dro dyddiol o amgylch y stad, yn aml yng nghwmni fy nghydweithiwr a'm cyfaill Trefor M. Owen. Byddai'r ci du Seimon yn arwain y ffordd, ac fe'i disgrifiwyd gan un o'r gofalwyr mwyaf ffraeth, Hywel Mudd (gweinidog parchus yn ddiweddarach), fel Ioan Fedyddiwr – 'Y mae un yn dyfod ar fy ôl i sydd mwy na myfi'. Heblaw trafod gwaith, yr oedd y bererindod ddyddiol hon yn achlysur i hel straeon o bob math wrth y mwyaf ffraeth o'r staff, a rheiny'n cael eu traddodi i mi wedi iddo ddychwelyd.

Cyfrifai Peate ei hun fel penteulu er mai digon pell a dieithr ydoedd i'r rhan fwyaf o'r staff. Yr oedd yr iaith Gymraeg yn bwysig iawn iddo er mai Saesneg a siaradai bob amser â Ffransis Payne, y dirprwy guradur. Heblaw am waith yr amgueddfa, yr oedd yno glwb staff hwyliog a drefnai bartïon plant ac adloniant o bob math, megis cinio Gŵyl Dewi a thrip yr haf. Peate fyddai'n dewis y siaradwr Gŵyl Dewi bob tro, a chlywais nifer o enwogion y genedl, fel yr Athro Griffith John Williams a'r Athro J.R. Jones, Abertawe, yn traethu ar ddyfnion bethau ar yr ŵyl honno.

AMGUEDDFEYDD GWERIN

Yr oedd Iorwerth Peate yn un o'r bobl fwyaf blaenllaw yn natblygiad astudiaethau gwerin yng Nghymru, ac un o'r prif ddylanwadau arno ef oedd amgueddfeydd awyr agored gwledydd Llychlyn. Mae'n debyg mai prif sylfaenydd amgueddfeydd o'r fath oedd Artur Hazelius (1833–1901) a aeth ati i ffurfio'r casgliadau o wrthrychau oedd yn nodweddiadol o fywyd gwerin ei wlad, sef Sweden. Yn 1873 agorwyd Amgueddfa Bywyd Gwerin Sweden – y Nordiska Museum – ar gyrion dinas Stockholm. Dilynwyd Sweden gan wledydd eraill. Yn Norwy sefydlodd Anders Sandvig Amgueddfa Maihaugen yn Lillehammer yn 1904, ac agorwyd Amgueddfa Denmarc – *Den Gamle By* – yn Aarhus yn 1909. Buan iawn y dilynwyd esiampl gwledydd Llychlyn a sefydlwyd nifer o amgueddfeydd tebyg ar gyfandir Ewrop, yn y Ffindir yn 1909 er enghraifft.

Teithiodd Peate i wledydd Llychlyn, a chafodd arweinwyr y mudiad gwerin yno, megis Sigurd Erixon ac Oke Campbell, ddylanwad mawr arno. Meddai Peate:

> Mewn ffydd a gobaith, datganodd y Cyngor yn ystod y rhyfel yn 1943 mai sefydlu amgueddfa werin oedd un o'r anghenion pennaf pan ddeuai heddwch.
>
> Ac yn 1946 daeth yr awr. O'i fawr haelioni cynigiodd yr Iarll Plymouth gastell Sain Ffagan a'r deunaw erw o dir o'i gwmpas i Amgueddfa Genedlaethol Cymru at bwrpas amgueddfa werin.

Wedi cael rhyw 150 erw ychwanegol o dir, bu datblygiad aruthrol yn y broses o sefydlu amgueddfa genedlaethol a oedd yn arddangos darlun cymesur o ddiwylliant cenedl. Yn ôl Peate eto am y breuddwyd:

Fe ddaw'r dydd pan fydd yr Amgueddfa yn Sain Ffagan yn gyfundod ynddo ei hunan o holl brif elfennau'r bywyd Cymreig; yn ddarlun byw o'r gorffennol, yn ddrych o elfennau ein Cymreictod presennol ac yn ysbrydoliaeth i ddyfodol ein gwlad. Bydd hon yn ffynhonnell Cymreictod Cymru, yn trysori'r gorffennol ond ar yr un pryd yn taflu allan yn gyson ffrydiau o'r ynni cenedlaethol sy'n anhepgor fywiocáu pob adran o'r bywyd Cymreig.

Fy ngobaith i yw fy mod dros y blynyddoedd wedi gwneud rhyw gyfraniad at ddehongli personoliaeth fy mhobl fy hun. Gobeithio hefyd fy mod wedi cyflwyno rhywbeth o gymeriad a naws Cymru i'r byd, trwy arddangosfeydd a gweithiau ysgrifenedig.

CYMDEITHAS BYWYD GWERIN

Yn y pumdegau dechreuwyd cyhoeddi cylchgrawn blynyddol *Gwerin*, yn gyntaf gan Blackwell yn Rhydychen ac yna gan Wasg Gee yn Ninbych. Golygydd *Gwerin* oedd Dr Iorwerth Peate ac fe'i cynorthwyid gan nifer o bobl academaidd eraill, pob un yn cynrychioli ei wlad ar bwyllgor na chyfarfu byth oherwydd yr oedd Peate yn unben na theimlai'r angen i ymgynghori â neb. Cyhoeddais rai erthyglau yn y cylchgrawn, megis 'The Dish of Wheels' am ddulliau cyntefig o adeiladu olwynion pren, a 'The Two Wheeled Carts' am gamboid a cherbydau amaethyddol eraill. Yn anffodus, isel fu gwerthiant *Gwerin*, a buan iawn yr oedd breuddwyd Peate o gynhyrchu cylchgrawn safonol fel rhai gwledydd Sgandinafia yn deilchion. Daeth y cylchgrawn i ben yn 1960, wedi ymdrech ddewr.

Cefais y syniad ychydig wedi cyrraedd Sain Ffagan ym Mawrth 1960 mai unig obaith cynnal cylchgrawn safonol oedd ffurfio cymdeithas o'r holl bobl – boed yn academig neu beidio – oedd â diddordeb ym mywyd gwerin Ynysoedd Prydain. Ni ddangosodd Peate lawer o ddiddordeb nes iddo ddeall mai ef fyddai llywydd y gymdeithas newydd. Ym Medi 1960 yr oedd y Gymdeithas er Hyrwyddo Gwyddoniaeth (y British Association for the Advancement of Science) yn cyfarfod yng Nghaerdydd a gelwais gyfarfod agored yn y brifysgol yn ystod yr un wythnos. Daeth tyrfa niferus at ei gilydd; perswadiwyd Peate i gymryd y gadair. Fi gafodd y dasg o gynnig ffurfio'r gymdeithas, a phennaeth adran o'r Amgueddfa Brydeinig, Adrian Digby, yn eilio. Cafwyd cefnogaeth y gynulleidfa i symud ymlaen. Peate oedd y llywydd cyntaf, a minnau'n ysgrifennydd cyffredinol.

Prif bwrpas y gymdeithas newydd oedd hyrwyddo astudiaethau gwerin mewn prifysgolion ac amgueddfeydd ym mhob rhan o Brydain a meithrin cysylltiad â sefydliadau tebyg yn Ewrop a thros y byd. Byddai'r gymdeithas yn cyhoeddi cylchgrawn blynyddol o'r enw *Folk Life* ac yn cynnal cynhadledd flynyddol. Bu'r cynadleddau cyntaf yn Llundain, Reading a Leeds, ac un o brif dasgau'r ysgrifennydd oedd trefnu rhaglenni ar eu cyfer. Croesawyd nifer o ysgolheigion o wledydd Llychlyn ac o Ogledd America i annerch y cyfarfodydd, a byddai rhai dwsenni o bobl yn bresennol bob tro. Heblaw am ddarlithiau yr oedd teithiau'n bwysig iawn ond ni fu'r rhain yn llwyddiant bob tro. Trefnais un ymweliad â'r hen City of Varieties yn Leeds, ond yn anffodus nid oeddwn wedi edrych ar y rhaglen o flaen llaw a syndod i bawb oedd darganfod mai sioe noethlymun *Jane Strips*

Again oedd yr arlwy. Nid oedd hwn wrth fodd Albanwyr Uniongred yr Hebrides nac offeiriadon yr Eglwys Wyddelig.

Gwaetha'r modd, nid oedd y golygydd a apwyntiwyd i'r cylchgrawn yn abl i wneud y gwaith, ac ar ôl cryn bwyso bu'n rhaid i mi fel ysgrifennydd y gymdeithas weithredu fel golygydd dros dro a chynhyrchu dau rifyn mewn tri mis. Bûm yn olygydd *Folk Life* am yr ugain mlynedd nesaf, ac enillodd ei blwyf fel cylchgrawn pwysig ym myd astudiaethau gwerin y byd. Rhoddais y gorau i fod yn olygydd pan gefais fy apwyntio'n is-lywydd ac yna'n llywydd y gymdeithas. Yr oeddwn i wasanaethu fel llywydd am dair blynedd, a bûm yn gyfrifol am gyfarfodydd blynyddol dros y Sul mewn nifer o ganolfannau. Cynhaliwyd fy nhri cyfarfod i yn Truro, Inverness a Bangor, a gorffennais gydag anerchiad y llywydd ym Mhrifysgol Bangor. Erbyn hynny yr oeddwn wedi gwasanaethu am bron i chwarter canrif yn y byd amgueddfaol a theimlais hi'n ddyletswydd arnaf i ddatgan egwyddorion astudiaethau gwerin fel y gwelwn i nhw. Felly yn 1985 cyhoeddais fy maniffesto, neu fy 'mhregeth ar y mynydd' a gyhoeddwyd yn *Folk Life* yn 1982.

Yn ystod fy nghyfnodau fel llywydd y gymdeithas ac fel golygydd, bu amryw yn gwasanaethu'r gymdeithas fel swyddogion. Yn eu mysg yr oedd yr Athro Melville Richards, Bangor, ynghyd â Gillian Watts (Shepherd yn ddiweddarach) a fu'n drefnydd cynadleddau i'r gymdeithas ac yn Ysgrifennydd Gwladol Dros Addysg yn llywodraeth John Major. Croesawyd llawer o bersonau i'n hannerch, yn enwedig o Ddenmarc, Sweden a Gogledd America. Trwy gyfrwng y gymdeithas hon yn anad dim, deuthum i gysylltiad â nifer o sefydliadau ac ysgolheigion ar draws y byd, a chael sawl cyfle i ymweld ag amrywiaeth o wledydd tramor, o Fwlgaria i Israel ac o Ddenmarc i Ogledd America.

Mae'r gymdeithas yn dal i ffynnu, yn dal i gyfarfod yn flynyddol ac yn dal i gynhyrchu ei chylchgrawn bob blwyddyn. Rwy'n ymhyfrydu yn y ffaith mai fi a roddodd gychwyn ar yr holl weithgarwch mewn darlithfa ym Mhrifysgol Caerdydd ym Medi 1960. Gellir priodoli llwyddiant cynnar y gymdeithas i ethol Iorwerth Peate fel ei llywydd. Pe na bai hynny wedi digwydd, rwy'n amau a fyddai'r gymdeithas wedi cael ei fendith.

'Ceffyl blaen' fu Iorwerth Peate erioed, ac fel y llywydd cyntaf yr oedd yn deyrngar ac yn frwdfrydig. Dros y blynyddoedd mynychodd ef a'i briod bob cynhadledd, a byddai bob amser yn edrych ymlaen at gyfarfod ei hen gyfeillion, megis y Dr A.T. Lucas o Amgueddfa Genedlaethol Dulyn, Bo Linquist o Brifysgol Dulyn, a'i ragflaenydd yr Athro Seamus Ó Duilearga yn arbennig. Gyda'r nos byddai'r rhain yn adrodd y storïau gwerin mwyaf diflas a hirwyntog a glywais erioed, ond yr oedd Peate wrth ei fodd, ac er nad oedd yn fawr o storïwr, byddai'n cyfrannu ambell i stori i'r cwmni dethol. Ceid storïau gweddol amheus o'i enau a chlywais stori 'Y Rectum' bob blwyddyn am dros ugain mlynedd. Derbyniodd Peate radd Doethur Mewn Astudiaethau Celtaidd – D.Litt Celt – o Brifysgol Dulyn, a'r anrhydedd wedi ei gynnig gan yr Athro Seamus Ó Duilearga, ei gyfaill mynwesol a fyddai'n aros yn Sain Ffagan yn aml. Yr un oedd ei storïau dros y blynyddoedd; yn wir, yn ôl un o'i gydweithwyr, un ddarlith oedd gan Seamus a ymddangosodd gyntaf yn 1931 ac a barhaodd tan y saithdegau. Fel teyrnged i Peate cyhoeddwyd y ddarlith honno yn *Studies in Folk Life* a olygais ar ran y gymdeithas yn 1969. Yr oedd Peate wedi fy mhoeni yn fynych i baratoi *festschrift* yn y dull Sgandinafaidd fel teyrnged iddo. Fel golygydd y gymdeithas yr oedd yn amhosibl i mi wrthod ei gais.

Y BRITISH ASS

Cymdeithas arall oedd yn agos iawn at galon Peate oedd y Gymdeithas er Hyrwyddo Gwyddoniaeth, y British Association for the Advancement of Science – y British Ass a gyfarfyddai'n flynyddol mewn rhyw brifysgol rywle ym Mhrydain. Gallai'r gynhadledd honno ddenu dros dair mil o bobl o bob rhan o'r byd, a byddai ysgolheigion yn defnyddio llwyfan y gymdeithas i ryddhau rhyw wirionedd newydd – efallai un syfrdanol. Byddai papurau newydd megis y *Times*, y *Telegraph* a'r *Guardian* yn adrodd hanes a chynnwys pob cynhadledd yn llawn. Yr oedd y Peates yno bob blwyddyn, cyn cynhadledd *Folk Life*, a chefais y fraint o annerch Adran Anthropoleg y gymdeithas ar ryw agwedd o fywyd cymdeithasol ac economaidd. Yn 1958 bûm yn traethu ar agweddau a hanes amaeth yng Ngheredigion ym Mhrifysgol Manceinion, ac yn y chwedegau bûm yn Glasgow pan oedd Peate yn llywydd yr adran. Yno cefais fy ethol yn gofrestrydd (*recorder*) yr Adran Anthropoleg, a'm prif orchwyl oedd trefnu deg diwrnod o raglen ar gyfer aelodau'r gymdeithas, gan gynnwys darlithiau ac ymweliadau â sefydliadau llên a diwydiant. Yng nghyfarfod y gymdeithas yn Leeds yn 1968 trefnais gyfarfod deg niwrnod ar y thema 'Hanes y Diwydiant Gwlân ym Mhrydain' a chyhoeddwyd hwn yn 1972 dan y teitl *The Wool Textile Industry of Great Britain*. Bûm yn y swydd honno am y pum mlynedd

Iorwerth Cyfeiliog Peate (1901–82),
prif sylfaenydd Amgueddfa Werin Sain Ffagan.
Llun: Casgliad Geoff Charles, Llyfrgell Genedlaethol Cymru

Ffatri wlân Esgair Moel, Llanwrtyd.

Bws y Rhondda'n dychwelyd i'r amgueddfa mewn cyflwr perffaith ar ôl iddo gael ei adnewyddu yn Oldham. Yn sefyll o'r chwith i'r dde mae Henry Gethin Lewis a fu'n gyfrifol am y gwaith adnewyddu; J. Geraint Jenkins; Glyn James (gynt o Benmorfa), Maer y Rhondda; David Dykes, Cyfarwyddwr yr Amgueddfa Genedlaethol.

Ffatri Cambrian, Dre-fach Felindre, cartref yr Amgueddfa Wlân Genedlaethol.

Ymweliad y Frenhines Elizabeth II ag Amgueddfa Diwydiant a Môr Cymru ym mis Gorffennaf 1985. Yn sefyll o'r chwith i'r dde mae Alec Jones, pennaeth Cadwraeth; Dug Caeredin; Dr Stewart Aran Jones, dirprwy bennaeth yr Amgueddfa; y Frenhines Elizabeth II; J. Geraint Jenkins.

Ffatri Dolwïon, Dre-fach Felindre, cartref y teulu Adams, sef teulu'r Arlywydd John Adams, ail Arlywydd yr Unol Daleithiau.

Urddo Cadeirydd Cyngor Sir Ceredigion, Mai 2002
Rhes flaen: Gareth Wyn Jenkins (mab), y Cadeirydd a'i Briod, David
Huw Jenkins (mab). Rhes gefn: Eleri Davies (nith), Christine (merch-yng-
nghyfraith), Alun Rhys Jenkins (ŵyr), Meryl (merch-yng-nghyfraith).

Yr awdur ar ddiwrnod derbyn
ei radd D.Sc. Econ. gan
Brifysgol Cymru yn 1981.

Yr awdur yn ei wisg Derwydd yn
Eisteddfod Genedlaethol
Tyddewi 2002.

Yr awdur a'i wraig yn ystod y cyfnod pan
fu'n Uchel Siryf Dyfed, 1994–5.

Achlysur cinio Cadeirydd Cyngor Sir Ceredigion ym Medi 2002.
Rhes flaen: Hywel Teifi Edwards (siaradwr gwadd), yr awdur a'i wraig,
John Davies (siaradwr gwadd). Rhes gefn: Eleri Thomas a Stan Thomas
(dirprwy gadeirydd), y Parch. Dilwyn Jones (caplan) a Mrs Janice Jones.

Yr awdur a'i wraig ar fwrdd llong y *QE2* yn 1996
pan fu'n ddarlithydd gwadd arni.

Bethan, gweddw Richard, ein hail
fab a fu farw yn Rhagfyr 2000.

Fy unig ŵyr, Alun Rhys Jenkins,
mab David a Meryl,
a aned Gorffennaf 1985.

Dathlu pen blwydd fy chwaer May yn 85 oed. Gyda hi mae ei chyfoedion
Mrs Lynne Thomas, Aberteifi a Mrs Morfydd Davies, Aberaeron.
Yn sefyll mae Eleri, merch May, gyda'r awdur â'i briod.

Yr awdur yn llofnodi trosglwyddiad Castell Aberteifi
i ofal Cyngor Sir Ceredigion yn 2003.

Yr awdur yn gwisgo cadwyn Cadeirydd Cyngor Sir Ceredigion;
bu yn y swydd o 2002–03.

nesaf, gyda chyfeillion agos yn dal swydd ysgrifennydd, megis yr Athro Eric Sunderland – Athro Anthropoleg Prifysgol Durham ar y pryd, ond yn ddiweddarach Is-Ganghellor Prifysgol Bangor. Trefnais gynadleddau blynyddol yn Dundee, Exeter, Durham, Caint a Chaerlŷr, a chefais gyfle arbennig i ddod i adnabod rhannau o'r wlad na fyddwn wedi gwneud heblaw hynny. Y British Ass a roddodd fodd i ni ddechrau'r Gymdeithas Bywyd Gwerin, oherwydd yng nghyfarfod Caerdydd yn 1960 y tarddodd y gymdeithas honno.

GWAITH ALLANOL

Yr oedd fy nghyfnod fel Is-Geidwad yr Amgueddfa Werin yn un hapus dros ben, ac yr oedd Iorwerth Peate yn barod iawn i ganiatáu gwaith y tu allan i Sain Ffagan. Yn 1964 aeth ef a minnau, ar wahoddiad y Cyngor Prydeinig, ar ymweliad o fis â Bwlgaria a Rwmania i gynghori'r awdurdodau yno ynghylch sefydlu amgueddfeydd gwerin. Gwlad gomiwnyddol bur oedd Bwlgaria; dinasoedd diflas a milwyr ym mhob man. Yr oedd y bwyd yn ddifrifol wael, a llaeth sur wedi ei arllwys dros bopeth. O leiaf yr oedd y gwin yn dderbyniol. Yn nhre Turnovo ar y cyntaf o Fai cafodd Peate a minnau sefyll ar brif lwyfan y dre i wylio gorymdaith ddiddiwedd o filwyr a'u hoffer militaraidd. Achlysur annymunol, yn enwedig i Peate, yr heddychwr mawr. Y brifddinas Sofia oedd y ddinas mwyaf diflas a llwyd a welais erioed ac yr oeddwn yn falch o adael y wlad am Rwmania ar ôl pythefnos. Er bod honno'n wlad gomiwnyddol ar y pryd, yr oedd yn hollol wahanol i Bwlgaria. Yr oedd y brifddinas Bucharest yn hyfryd, y bobl yn groesawgar a'r bwyd yn llawer gwell. Ar ei chyrion yr oedd amgueddfa awyr agored a bu ei

chyfarwyddwr yn cysylltu â mi am flynyddoedd wedi fy
ymweliad â'r wlad yn 1964.

Yn y chwe a'r saithdegau yr oedd llewyrch mawr
ar amgueddfeydd gwerin dros y byd, ac ambell dro
meddyliais fod yna lawer gormod o sefydliadau o'r math
yn cael eu ffurfio. Cyn 1960 yr oedd tua 50 o sefydliadau
yng Nghymru yn ymwneud â hanes a threftadaeth. Rhwng
1969 ac 1976 sefydlwyd 45 arall, ac erbyn i mi ymddeol
o Sain Ffagan yn 1992 yr oedd gan ein gwlad fechan ni
gymaint â 325 o sefydliadau o'r fath. O amgueddfeydd
morwrol i lechi, o amgueddfeydd gwlân i byllau glo, heb
sôn am gasgliadau o wrthrychau fel llwyau serch ac erydr,
offer llaethdy ac amaeth, credaf yn bendant fod rhai o
draddodiadau Cymru wedi cael eu gor-ddehongli. Un o fy
mhrif ddywediadau drwy gydol fy ngyrfa fu: 'Gochelwch
rhag gor-gasglu gwrthrychau o'r gorffennol; mae'n
hawdd boddi mewn gormodedd.' Dylai pob amgueddfa
weithredu polisi o ddethol yn ofalus yn hytrach na derbyn
popeth. Dyna, efallai, y gwahaniaeth rhwng casglwr hen
bethau a churadur; yn bersonol ni allaf ddioddef rhaglenni
teledu hen bethau, nac amgueddfeydd wedi eu gorlenwi
â gwrthrychau o bob math. Meddai fy hen gyfaill Niels
Janasch o Amgueddfa'r Iwerydd yn Halifax, Canada:

> Both man and the products of his endeavours
> are ephemeral indeed. Imagine what the world,
> especially the western world would look like today if
> past generations had been as keen on collecting and
> preserving as we have been during the last twenty
> years – considering the mad rush to preserve the
> past, we should think once in a while of Francis
> Bacon who said 'Antiquities are defeated or some

such remnants of history which have casually escaped the shipwreck of time.'

Yn ystod fy nhymor yng Nghaerdydd, cyfrifid aelodaeth o bob math o sefydliadau a chymdeithasau allanol yn rhan hanfodol o fywyd. Bûm yn gwasanaethu ar bob math o bwyllgorau a chynghorau megis cyngor y Museums Association, pwyllgor treftadaeth y Carnegie United Kingdom Trust a'r Royal Anthropological Institute. Yr oedd gwaith y Carnegie Trust yn arbennig o foddhaol yn y 1970au cynnar pan gefais fy ethol am rai blynyddoedd yn un o'r tîm o bedwar a oedd yn paratoi adroddiadau manwl ar amgueddfeydd trwy Brydain er mwyn llunio adroddiadau a allai benderfynu maint y grantiau ariannol oedd yn ddyledus. O Ynys Skye i Bridport, o Inverness i Halifax, ac o Plymouth i Norwich, deuthum yn gyfarwydd â nifer fawr o rannau o Ynysoedd Prydain a theimlwn fel un o arolygwyr addysg ddiwedd y 19eg ganrif. Yn 1975, trwy ddylanwad Ymddiriedolaeth Carnegie, ffurfiwyd cymdeithas ryngwladol newydd, The Society for the Interpretation of Britain's Heritage (yn ddiweddarach, Association for Heritage Interpretation). Cefais y fraint o gael fy newis yn gadeirydd cyntaf y gymdeithas lewyrchus honno, a bûm yn y swydd am bedair mlynedd, yn gyfrifol am lywyddu rhyw bedair cynhadledd y flwyddyn.

AMGUEDDFA DIWYDIANT A MÔR CYMRU
Er mor hapus oeddwn yn Sain Ffagan, teimlwn yr awydd i wneud rhywbeth â'r môr. Yr oedd halen yn y gwaed, ac wedi cwblhau'r gwaith ymchwil ar y diwydiant gwlân troais fy ngolygon at y dŵr a'r diwydiant pysgota – afonydd yn gyntaf, yna glan môr. Sefydlwyd Amgueddfa

Diwydiant a Môr Cymru yn 1977, ond gyda marwolaeth
y curadur, D. Morgan Rees, cefais fy apwyntio yn olynydd
iddo yn 1978.

Un o fanteision mawr gweithio mewn sefydliad
newydd oedd y cyfle a roddodd i mi i benodi staff.
Ym mlynyddoedd cynnar Adran Ddiwydiant yr
Amgueddfa Genedlaethol, a dyfodd yn sefydliad ar
wahân yn y dociau, canolbwyntiai'r holl staff curadurol
ar archaeoleg diwydiant; yr oeddynt yn gasglwyr
gwrthrychau a gwybodaeth dechnolegol yn hytrach
nag yn ddehonglwyr. Dyna fy is-geidwad, y Dr Gerwyn
Thomas, a oedd yn ffynnon o wybodaeth am fanylion
pob pwll glo yn ne Cymru, yn gasglwr o'r radd flaenaf
mewn maes cyfyngedig. Penderfynais yn fuan mai
haneswyr economaidd a chymdeithasol oedd eu hangen
ar y sefydliad, felly ymysg fy mhenodiadau cyntaf oedd
hanesydd y môr, Dr David Jenkins, hanesydd y diwydiant
glo, Dr Bill Jones a hanesydd y diwydiant llechi, Dr
Dafydd Roberts. Mae'r tri, wrth gwrs, wedi gwneud
cyfraniad helaeth i'r astudiaeth o fywyd economaidd
a chymdeithasol Cymru, ac yn uchel eu parch yn y byd
academaidd.

Y naw mlynedd a dreuliais yn yr Amgueddfa Diwydiant
a Môr oedd cyfnod hapusaf fy mywyd – swyddfa'n
wynebu'r dociau a'r môr a chyfeillion newydd o blith pobl
y dociau, megis Albert Alexander, perchennog llongau
dros ei ddeg a phedwar ugain oed a aeth yn fethdalwr yn
1922 ond a ddaliodd yn siriol hyd y diwedd. Yna yr oedd
pobl fel John a Richard Reardon-Smith, Henry Gethin
Lewis a'r teulu Cory a gynrychiolai hen weithgarwch
llongau a dociau Caerdydd. Ar ben hynny yr oedd
cymysgfa o newydd-ddyfodiaid fel fi a chynrychiolwyr

diwydiant cyfoes fel electroneg ynghyd â gweithwyr y diwydiannau cynhenid fel glo, y rheilffyrdd a haearn, pob un yn cyfrannu at awyrgylch bywiog, unigryw bywyd cymdeithasol Tiger Bay.

Yr oeddwn yn aelod o'r Exchange Club a chefais fy nerbyn yn aelod o frawdoliaeth gyfyng y Docks Company of Pals. Ymhyfrydwn yn y ffaith fy mod yn aelod o'r 'Pals' mor fuan ar ôl symud yno, yn cymysgu â pherchnogion llongau a gwŷr busnes a oedd yn rhan mor bwysig o boblogaeth Caerdydd. Trwy gymdeithasu â phobl y dociau, yn enwedig dros ginio beunyddiol yn yr Exchange Club, ffurfiais gymdeithas o gyfeillion yr Amgueddfa Diwydiant a Môr (Associates of the Welsh Industrial and Maritime Museum) a gyfrannodd gymaint i ddatblygiad cynnar yr amgueddfa yn dechnegol ac yn ariannol.

Gyda chadeirydd cwmni bragu Welsh Brewers yn cael ei ethol yn gadeirydd y gymdeithas, a phennaeth de Cymru o'r Rheilffyrdd Prydeinig yn is-gadeirydd, yr oedd y dyfodol yn edrych yn llewyrchus. Yr oedd yno ddiwydianwyr a fedrai gymryd cyfrifoldeb am adnewyddu llawer o'r gwrthrychau, a chofiaf am un person, wrth weld bws y Rhondda mewn cyflwr truenus, yn medru dweud, 'We built that at our Oldham Works. We'll take it back there for renovation.' Daeth bws coch y Rhondda yn ôl i'r amgueddfa mewn cyflwr perffaith. Byddai cyfeillion yn cyfrannu'n helaeth i goffrau'r amgueddfa ac yn barod i drefnu ymweliadau ag amgueddfeydd a ffatrïoedd ymhob rhan o'r wlad. Cofiaf yn dda am ymweliadau â Merthyr ac Aberdaugleddau, Ironbridge a Llanberis, Lerpwl a Portsmouth, achlysuron pleserus dros ben. Yn anffodus nid oedd yr Associates wrth fodd pawb a gwnaed ymgais i ganoli'r holl weithgarwch yn rhan o waith Cyfeillion yr

Amgueddfa Genedlaethol. Dyna yn y diwedd a laddodd gymdeithas fywiog a gweithgar.

Yn anffodus, pan symudais yn ôl i Sain Ffagan diflannodd yr Associates a bu hynny'n ergyd farwol i ddatblygiad yr amgueddfa yng nghalon Bae Caerdydd. Collodd sector fusnes Caerdydd ddiddordeb a oedd yn golygu llawer i ddatblygiad y dociau. Mewn argyfwng ariannol arall yn hanes yr Amgueddfa Genedlaethol, tybiodd llawer o aelodau Cyngor yr Amgueddfa Genedlaethol y dylid aberthu amgueddfa'r dociau wrth allor yr Adran Gelfyddyd. Beth oedd gwerth hen beiriannau ac ambell i hen long o'u cymharu â gwaith Rubens a Monet? Erbyn y 1980au cynnar roedd yr ysgrifen ar y mur a chyfrifid holl hanes diwydiannol a morwriaethol Cymru yn rhywbeth israddol nad oedd yn werth sôn amdano. Celfyddyd gain, llawer ohono heb gysylltiad clir â Chymru, a orfu, a gŵr estron fel Dr Peter Cannon-Brooks yn bennaeth yr Adran Gelfyddyd. Saeson – neu o leiaf rhai di-Gymraeg – a wasanaethai'r adran, ac iddynt hwy roedd y Gymraeg yn ddibwys.

Er bod nifer o aelodau pwyllgorau niferus yr Amgueddfa Genedlaethol wedi gwneud eu ffortiwn mewn diwydiant, tueddent i anghofio hynny yng nghysgod celfyddyd gain. Yr oedd nifer o'r bobl hyn yn byw naill ai ym Mro Morgannwg neu yng nghefn gwlad Sir Fynwy. Yr oedd rhai fel Syr William Crawshay, o hen deulu meistri haearn Merthyr Tudful, yn hynod garedig wrthyf, a byddai'r ddau ohonom yn ciniawa'n rheolaidd yn ei blas ger Trefynwy. Byddai eraill fel yr Athro a Mrs Alun Hoddinott, yr Athro Gwyn Williams a Dr a Mrs Emrys Evans ymysg y gwesteion hefyd. Os diflas y bwyd roedd y gymdeithas yn felys a'r gwin yn llifo.

Ar yr wyneb edrychai pethau'n ddigon addawol ar gyfer Amgueddfa Diwydiant a Môr Cymru. Trwy gydweithrediad Siarlys Evans o Gwmni penseiri Burgess, paratowyd cynlluniau uchelgeisiol i ddatblygu amgueddfa o'r radd flaenaf yn Nociau Caerdydd, sefydliad a fyddai o bwysigrwydd rhyngwladol. Yr oedd gobaith meddiannu cyfres o ddociau sych yn Mount Stuart ac adeiladau marsiandwr *Ship Chandler* yn Stryd Bute. Yr oedd ein llygaid hefyd ar ddatblygu gorsaf rheilffordd Stryd Bute a thafarn enwog y Windsor fel rhan o'r sefydliad. Yn anffodus dechreuais ar fy swydd yr un pryd ag y dechreuodd Mrs Margaret Thatcher fel Prif Weinidog a darganfûm yn fuan fod arian i ddatblygu'r amgueddfa yn diflannu'n gyflym oherwydd penderfyniad yr awdurdodau i ddatblygu ardal y dociau, neu 'Cardiff Bay' fel y'i hadwaenid bellach.

Yn hytrach na datblygu sefydliad hollbwysig i hanes diwydiant a morwriaeth Cymru, yr oedd sôn am gau'r amgueddfa yn gyfan gwbl, oherwydd ym meddyliau nifer o aelodau Cyngor yr Amgueddfa, mewn byd celf y gorweddai holl ddyfodol y sefydliad. Yn aml cyfrifid fi – hanesydd morwrol a oedd yn awyddus i ymestyn y casgliadau – yn ysgymun ym myd celfyddyd gain lle'r oedd pwyslais mawr ar gasglu darluniau drudfawr.

Daeth yr hoelen olaf yng ngwerthiant holl adeiladau a safle'r amgueddfa i ddatblygwyr y Bae am ryw saith miliwn o bunnoedd. Teimlais ar y pryd fod holl ddiwylliant y môr ac ardaloedd diwydiannol ein gwlad wedi ei aberthu wrth allor cyfalafiaeth ac yn nwylo pobl na wyddent ddim am dreftadaeth y Cymry.

§

DYCHWELYD I SAIN FFAGAN

Camgymeriad mwyaf fy ngyrfa oedd cael fy mherswadio i gymryd gofal o Sain Ffagan wedi ymddeoliad Trefor Owen. Ar y cyfan nid wyf yn un i edrych yn ôl. Mae drws yn cau y tu cefn ac un arall yn agor o'm blaen, ac fel arfer nid wyf yn barod i ddychwelyd trwy ddrws caeedig. Dyna, efallai, pam nad wyf yn or-hoff o aduniadau coleg neu ysgol. Nid wyf yn dymuno byw yn y gorffennol, hyd yn oed os mai cofnodi ac adrodd hanes y gorffennol hwnnw y bûm yn ei wneud ar hyd fy ngyrfa. Er hynny, dychwelyd i Sain Ffagan a wneuthum yn 1987 ac am flwyddyn bûm yn gyfrifol am Sain Ffagan, y Dociau, Amgueddfa Wlân Dre-fach Felindre ac Amgueddfa Lechi Llanberis.

Mae'n rhyfedd fod swydd Curadur Amgueddfa Werin Cymru, er ei bod ar yr un lefel a'r un cyflog â Churadur Amgueddfa Diwydiant a Môr Cymru, wedi ennyn llawer mwy o ddiddordeb ymysg y Cymry. Cefais lythyron niferus o longyfarchiadau – ynghyd â rhai dirmygus – pan gefais fy mhenodi i'r swydd honno, ac ysgogwyd Megan Lloyd-Ellis o Bwllheli, ond brodor o Benmorfa, i gyhoeddi penillion o longyfarch. Hefyd gwnaeth cartwnydd o Gaerdydd bortread ohonof yn brasgamu trwy borth castell Sain Ffagan.

Erbyn hyn yr oedd awdurdodau'r Amgueddfa Genedlaethol yn cymryd mwy a mwy o ddiddordeb yng ngweithgaredd y canghennau, ac yr oedd llawer llai o awdurdod gan y canghennau hynny i ffurfio'u polisi eu hunain. Cwtogi ar staff ac adnoddau oedd yr arwyddair ac apwyntiwyd cwmni o ymgynghorwyr o Lundain – Inbucon – i ddefnyddio'r fwyall. Ar ben y cwbl apwyntiwyd Sgotyn, Alastair Wilson, a oedd, yn fy mhrofiad i, yn tueddu at yr hunanol a'r diserch, i weithredu dymuniadau'r ymgynghorwyr. Gyda chanllawiau pendant wedi cael eu gosod gan y Swyddfa Gymreig, bu'n rhaid cael gwared â nifer o adrannau pwysig a chollwyd nifer o ysgolheigion galluog, yn cynnwys bron y cyfan o'r Adran Tafodieithoedd a Bywyd Gwerin. Yn ogystal â cholli staff collais hefyd gefnogaeth rhai aelodau o'r pwyllgor rheoli, a chofiaf yn iawn am yr Athro Glanmor Williams yn cerdded allan o gyfarfod chwarterol y pwyllgor. Yn sicr ni allai sefydliad cenedlaethol fforddio colli cefnogaeth Glanmor a'i debyg. Ar ôl cwrteisi ac ysgolheictod cyfarwyddwyr yr Amgueddfa Genedlaethol, pobl ddisglair fel Dr Dilwyn John, Dr Gwyn O. Jones, Dr Douglas Bassett a Dr David Dykes, roedd hi'n amhosibl i mi dderbyn gŵr fel Alastair Wilson yn gyfarwyddwr un o'r sefydliadau cenedlaethol pwysicaf. Heb radd brifysgol ei hun, ymddangosai fel pe bai'n amheus o unrhyw un â gradd uwch. Yr oedd teyrnasiad Wilson yn gyfnod tywyll iawn yn hanes yr Amgueddfa Genedlaethol, ac ar ôl ei ddyddiau ef credaf mai Saeson uniaith fu pob un o'r penaethiaid – Colin Ford ac Anna Ford, a'r cyfarwyddwr presennol Mike Halloran. Ble aeth y Cymry?

Yn gynnar iawn yn nheyrnasiad Wilson daeth yn glir i mi nad oedd dyfodol llewyrchus i mi yn Sain Ffagan. Yng nghyfarfodydd uwch-staff yr Amgueddfa Genedlaethol byddwn yn anghydweld â Wilson ar bob peth bron. Yn anffodus, er eu bod yn ddigon huawdl y tu allan i bwyllgor, ni chefais lawer o gefnogaeth gan fy nghydweithwyr chwaith – efallai oherwydd agwedd lwfr neu ofn colli swyddi bras. Trefnid cyrsiau 'Management' gan Wilson, a'r rhan fwyaf ohonynt yn cael eu rhedeg gan gwmnïau Americanaidd na wyddai ddim am Brydain a llai fyth am

Gymru. Penderfynais, er y gallwn fod wedi aros am hyd at naw mlynedd arall, ei bod yn bryd i mi symud ymlaen. Gofynnais am ddyrchafiad ar fy mhensiwn ac fe'i cefais yn frwdfrydig gan Wilson. Gofynnais hefyd am gael bod â gofal am amgueddfa Dre-fach ac fe ganiatawyd hynny am flwyddyn. O edrych yn ôl, rwy'n ddirmygus iawn o agwedd wasaidd rhai o'm cydweithwyr wrth ddelio ag agwedd y bwli o Sgotyn na ddangosai barch yn y byd at safonau academaidd ac na wyddai ddim am ddiwylliant fy nghenedl. Efallai mai yn Ffrainc, o'r lle y daeth i Gymru, mae ei le. Rwy'n ddirmygus hefyd o safbwynt y Cyngor a blygai'n rhy barod i bob un o ddymuniadau'r cyfarwyddwr. O leiaf bu'n llwyddiannus wrth drafod cyllid yr amgueddfa, ac am hynny mae'n rhaid bod yn ddiolchgar.

Er y gwrthdaro rhyngof ag Alastair Wilson yr oeddwn yn ddigon hapus yn Sain Ffagan ac yn cael boddhad arbennig o'r ffaith fod nifer yr ymwelwyr wedi cynyddu'n sylweddol. Yn gynnar iawn gwnes adduned i groesawu llawer mwy o drigolion pentre Sain Ffagan a'r cyffiniau i'r amgueddfa. Nid oedd Peate yn ymwneud llawer â'r pentrefwyr ond penderfynais roi tocyn mynediad rhad i bob un, a'u gwahodd i nosweithiau agored. Bu hynny'n gam allweddol yn y broses o greu ysbryd cyfeillgar rhwng amgueddfa a phentre. Gwahoddwyd Iarll Plymouth i'r dathliadau ar achlysur pen blwydd yr amgueddfa yn 40 oed yn 1987, ac Iarlles Plymouth a draddododd yr anerchiad i'r niferoedd a ddaeth i'r castell ar y bore hwnnw o Fehefin.

Yr oeddwn yn awyddus iawn i sicrhau fod Sain Ffagan yn ddeniadol i ymwelwyr o bob llwyth ac iaith yn hytrach nag i Gymry Cymraeg yn unig. Sefydlwyd Ffair Fai a ddenai filoedd o bobl am dri niwrnod hwyliog. Yn rhan o'r gweithgareddau ceid cyngerdd a chymanfa ganu, a gwahoddwyd crefftwyr o gefn gwlad i arddangos eu crefft. Cofiaf am Alwyn Humphreys, Alun Guy a Terry James ymysg yr arweinyddion, gydag un o drigolion Sain Ffagan, y tenor enwog Stuart Burrows, yn unawdydd. Fy mwriad oedd creu tipyn o fwrlwm Cymreig o fewn yr amgueddfa. Roedd yno hefyd stondinau bwyd a diod, dawnsfeydd a holl fwrlwm yr hen Galan Fai.

Trwy fy nghyfeillgarwch â'r Athro Alun Hoddinott, trefnwyd nosweithiau o gerdd yn achlysurol, a chofiaf yn glir am aelodau'r London Symphony Orchestra yn perfformio. Cafwyd nosweithiau tân gwyllt a pherfformiad o anterliwtiau a dramâu Cymraeg a bandiau pres o fewn y muriau. Ceid y Ffair Hydref bob mis Medi, gyda gwasanaeth diolchgarwch, ac wythnos cyn y Nadolig ceid ffair draddodiadol yn dathlu'r ŵyl bwysig honno. Cynhaliwyd dyddiau eraill o ddathlu hefyd megis diwrnod o *jazz* traddodiadol, a Gŵyl y Cymoedd a leolwyd ar y rhes o dai o Ferthyr Tudful. Cefais fy nghyhuddo gan rai o geisio gorboblogeiddio sefydliad cenedlaethol, ond dyna un o brif amcanion yr Amgueddfa Werin ar y pryd. Pum mlynedd a roddais i mi fy hun i gwblhau fy amcanion, ac roedd y staff yn ddigon cefnogol ar y cyfan. Cyfaill agos oedd fy nghydweithiwr Elfyn Scourfield ac mae ein cyfeillgarwch wedi parhau dros y blynyddoedd.

Wrth gwrs, mewn sefydliad Cymraeg yr oedd gennyf hefyd ddigon o elynion.

Nid oedd pawb yn Sain Ffagan yn croesawu fy apwyntiad fel Curadur yn 1987. Bu'n rhaid cwtogi ar staff a cheisio gwneud yr amgueddfa yn fwy deniadol. Yr oeddwn yn awyddus i greu canolfan i Gymry Caerdydd a oedd yn cyfrannu at ddiwylliant y genedl. Ffurfiwyd y

Clwb Dydd Iau – y Difiau – a gwahoddwyd penaethiaid radio a theledu, cyfreithwyr a phregethwyr, prifeirdd a dramodwyr, gwleidyddion a newyddiadurwyr i ymweld â rhai o'r staff i ginio, unwaith y mis. Yr oedd y bwyd yn fendigedig a'r gwin yn llifo. Nid oeddem byth yn brin o siaradwr, gan fod digon o ddynion huawdl o fewn y frawdoliaeth. Pobl Cymraeg eu hiaith oedd holl aelodau'r clwb, ac ymysg y selogion cynnar oedd aelodau o staff y BBC a Theledu Annibynnol, awduron fel Gwenlyn Parry, prifeirdd fel Jim ac Aled Parcnest, a chyfreithwyr a gweinidogion, athrawon a gweision sifil, pob un yn awyddus i wneud rhyw fath o gyfraniad i ddyfodol Amgueddfa Werin Cymru. Heblaw cael cinio o'r radd flaenaf, diolch i'm cyfaill Mike Morton a Chwmni Arlwyo *Apple Catering*, yr oedd pob siaradwr a ddewiswyd i agor trafodaeth eisoes yn aelod o'r clwb. Rhoddwyd ambell i orchwyl o flaen yr aelodau, fel agoriad answyddogol tai bach y dynion gan y dramodydd Gwenlyn Parry. Gwrthodais yn bendant roddi plàc pres yn cario'i enw uwch y trydydd côr yn y tŷ bach.

Er gwaethaf y gwrthwynebiad i gymdeithas gwbl Gymraeg ei hiaith ymhlith rhai o'm cydweithwyr, yr oeddwn yn falch iawn o glwb y Difiau a'i aelodau; yn wir cynigiodd y Cyfarwyddwr fod y Difiau yn cael ei ad-drefnu fel ei fod ef ac aelodau di-Gymraeg eraill yr Amgueddfa Genedlaethol yn medru ymaelodi, ond gwrthodwyd ei gais. Wrth gwrs, yr oedd yr ewyllys da a'r cyhoeddusrwydd i'r amgueddfa yn bwysig iawn a bu'r clwb yn sicr yn fodd o ennyn diddordeb nifer o bobl yng ngwaith yr amgueddfa. Meddai'r Prifardd Jim Parcnest amdanaf mewn englyn ar fy ymddeoliad yn 1992:

Sgweier amgueddfa'r werin – a roes
Ein traed dan ford gegin.
Gwerinwr gwâr, rhannwr gwin,
Cynaeafwr cynefin.

Gyda fy ymddeoliad diflannodd 'Clwb y Difiau' dan
oruchwyliaeth fy olynydd, ynghyd â'r ddwy ardd a
ddatblygwyd yn arbennig i baratoi rhaglenni teledu.
Byddai rhaglen Gymraeg a Saesneg yn cael eu darlledu
o'r gerddi yn wythnosol, ond nid oedd lle i ddatblygiad
o'r fath tan oruchwyliaeth newydd. Diflannu wnaeth yr
oergell o'm swyddfa hefyd, cwpwrdd a fu'n ddigon pwysig
i mi i greu ewyllys da tuag at yr amgueddfa, ond a oedd
yn anathema i'r dirwestol.

Ar ôl 32 mlynedd o wasanaeth yr oeddwn wedi cael
digon yn Sain Ffagan, digon ar gyrsiau 'management'
diddiwedd a'r ymgais i wneud cyfrifydd ohonof. Yr oedd
agwedd negyddol rhai o'm cydweithwyr yn boendod i
mi, a nifer a apwyntiwyd i bwyllgor yr amgueddfa ac i'r
staff yn wrthun i mi. Ar ben y cwbl yr oedd y Swyddfa
Gymreig yn mynd yn fwy dylanwadol o ddydd i ddydd.
Nid oedd gennyf ormod i'w ddweud wrth swyddogion y
Swyddfa Gymreig, nac wrth y tri Ysgrifennydd Gwladol
a reolai hynt a helynt y sefydliad, sef Nicholas Edwards,
David Hunt a Peter Walker. Bellach yr oedd llif arian a
marchnata'n bwysicach nag ysgolheictod. Heblaw am
Alastair Wilson, yr unben nad oedd ganddo unrhyw
barch tuag at safonau academig, yr oedd yno bobl fel
Timothy Arnold, Sais o gyfrifydd a gafodd ormod lawer
i'w ddweud ynghylch datblygiad sefydliad cenedlaethol.
Gŵr busnes oedd ef yn anad dim; sefydlwyd adrannau
marchnata ac apêl newydd a chynhelid pwyllgorau bron

yn ddyddiol, gan is-raddio gwaith yr amgueddfa. Yr oedd Amgueddfa Genedlaethol Cymru wedi mynd yn lle anhapus iawn, ac un swyddog yn barod i dorri gwddf y llall. Yr oedd Wilson yn awyddus i weld fy nghefn i, a phenderfynais gymryd ymddeoliad cynnar. Rhaid bod hynny'n foddhad mawr i'r Cyfarwyddwr, gweld y ddraenen fwyaf yn ei ymerodraeth yn gadael. Yr oedd eraill, nifer ohonynt yn ddisglair iawn, wedi mynd eisoes. Er bod y cyfnod olaf a dreuliais yn Sain Ffagan yn un digon llwyddiannus, er gwaethaf yr holl ddrwgdeimlad, ni allaf ddim ond meddwl am y bobl hynny oedd mor barod i blygu i'r drefn ddiflas. Efallai fod y lle yn llwyddo o safbwynt cyllid, ond i mi yr oedd enaid y sefydliad wedi ei aberthu i egwyddorion nad oedd yn rhan o draddodiad cenedl y Cymry.

Ym Medi 1992 ffarweliais yn llawen â'r holl baraffer-nalia a berthynai i bwyllgorau cecrus, a dychwelyd gyda Nansi i heddwch fy nghynefin yng Ngheredigion.

O safbwynt personol bu fy nghyfnod yng Nghaerdydd yn ddigon boddhaol; enillais radd brin o Ddoethor mewn Gwyddoniaeth (D.Sc. Econ.) a chyhoeddais yn eang. Gwelais lawer o'r byd ac yr oeddwn yn lled adnabyddus ar y radio a theledu. Gwnes gyfeillion lawer, yn enwedig ymhlith trigolion cymuned y dociau, a gwelais ddatblygiad un o'm prif ddiddordebau yn sefydlu Amgueddfa Wlân Dre-fach Felindre.

Fel oedd i'w ddisgwyl mae pethau wedi newid cryn dipyn yn Sain Ffagan ers fy nyddiau i. Ym marn llawer bu'r newidiadau er gwell, ond mae eraill yn teimlo ei bod wedi dirywio. Bellach mae mynediad am ddim i'r amgueddfa. Mae yna gyfyngu ar oriau agor, ond mae nifer yr ymwelwyr wedi cynyddu'n ddirfawr.

O fewn ychydig wythnosau o adael Caerdydd cefais wahoddiad i ysgrifennu cyfrol yn dwyn y teitl *Getting Yesterday Right* lle yr edrychwn yn ôl ar y broses o ddehongli holl ddiwylliant Cymru – ei ragoriaethau a'i ffaeleddau. Disgrifiwyd y llyfr hwn fel 'A Combative book'. Roedd hwn dipyn yn wahanol i un o'm cyfrolau cyntaf, *Traditional Country Craftsmen*, a ddaeth yn boblogaidd ymysg pobl *Flower Power* Califfornia. Daeth rhai o'r bobl flewog hyn i'm gweld yn Sain Ffagan, gyda gwahoddiad cynnes i ymuno â grŵp ohonynt yn yr Amerig. Gwrthododd Nansi'r cynnig a'r cyfle i fyw yn heulwen Califfornia!

Bywyd Cartref a'r Cymdeithasu

M AE Nansi a minnau wedi bod yn briod ers bron i drigain mlynedd bellach, a thrwy holl dreialon ein bywyd gyda'n gilydd yr ydym wedi bod yn hapus dros ben. 'Mwynder Maldwyn' ar ei orau yw fy ngwraig. Ganwyd i ni dri mab, David Huw, John Richard a Gareth Wyn. Y trasiedi mwyaf i ni oedd colli ein hail fab Richard ar ôl iddo ddioddef o glefyd sglerosis ymledol (*Multiple Sclerosis*) am flynyddoedd. Richard oedd y mwyaf bywiog o'n tri mab – yn ddisglair iawn yn yr ysgol a'r coleg, yn artist campus ac yn chwaraewr rygbi heb ei ail i nifer o glybiau yn y brifddinas. Bu'n wneuthurwr mapiau yn y Swyddfa Gymreig, paratoai luniau i nifer o gyhoeddiadau Cymraeg ac ef a ddyluniodd ryw hanner dwsin o'm cyfrolau i. Darganfyddwyd ei fod yn dioddef o'r clefyd blin pan oedd ond yn ddeg ar hugain oed a bu'n wael am o leiaf wyth mlynedd. Profiad torcalonnus oedd gweld cymal ar ôl cymal o'i gorff yn dirywio'n syfrdanol o un i un nes ei fod yn methu siarad na cherdded na darllen – tynged aruthrol o greulon i un a oedd mor effro ei feddwl. O'n tri mab, efallai mai ef oedd â'r un diddordebau â mi. Cafodd Bethan, ei briod er 1982, gyfnod trychinebus mewn bywyd priodasol a ddechreuodd mor hapus ac addawol a bu'n arbennig o ddewr yn gofalu amdano yn ystod ei salwch blin. Bu farw ar 16 Rhagfyr 2000 yn Ysbyty'r Brifysgol yng Nghaerdydd a gwasgarwyd ei lwch dros y tir ar lan y llynnoedd yng Nghastell Sain Ffagan lle y treuliodd flynyddoedd hapusaf ei oes fer. Erys yr hiraeth amdano, ond gallaf edrych yn ôl a chofio am gymeriad tawel a hynaws a allai fod wedi cyflawni llawer rhagor yn ei fywyd pe bai wedi cael byw.

Ein mab hynaf yw David Huw, y tebycaf i mi o ran golwg ond tipyn gwahanol o ran diddordebau. Yn gynnar iawn datgelodd David mai rheolwr banc yr hoffai fod, a Banc Lloyds oedd y banc hwnnw am ryw reswm. Wedi cyfnodau yng Nghaerdydd a'r Barri, ac mewn nifer o ganghennau yng ngorllewin Cymru, y mae ers rhai blynyddoedd bellach yn rheolwr Banc Lloyds yng Nghaerfyrddin. Mae gan ei wraig Meryl, athrawes ysgol o Landyfaelog, ac yntau un mab, Alun Rhys, a anwyd yn 1985 ac sydd â'i fryd ar actio a gwneud gwaith teledu.

Mae Gareth Wyn, ein trydydd mab, yn dra gwahanol i'r ddau arall. Ganwyd ef yng Nghaerdydd a bu'n ddisgybl yn ysgolion Bryntaf a Llanhari. Er nad yw'n academig, mae'n grefftwr arbennig iawn, ac am dros ugain mlynedd bu'n gyfrifol am ffatri wlân Esgair Moel yn Sain Ffagan, yn wehydd medrus ac yn abl i droi ei law at waith coed, haearn a thrydan. Bu ei bartner ers ugain mlynedd, Christine Stevens, sy'n frodor o Northumberland, hithau ar staff Sain Ffagan am dros ugain mlynedd, yn medru'r Gymraeg ac yn ysgrifennu a darlithio yn yr iaith yn rheolaidd. Yn 2005 symudodd i amgueddfa awyr agored Beamish yn Swydd Durham fel pennaeth adran. Fe'i cyfrifir yn un o'r prif haneswyr dillad ym Mhrydain, a hi yw llywydd y Costume Society cenedlaethol. Mae Gareth yntau'n gweithio yn Beamish erbyn hyn, ac wedi dilyn cwrs mewn gwaith trydan yng ngholeg technegol Newcastle upon Tyne.

Yn ystod y blynyddoedd a dreuliais yng Nghaerdydd yr oeddwn yn byw o fewn muriau'r castell – mewn fflat uwchben y stablau i ddechrau, yna yn y castell ei hun, ac am ddeng mlynedd olaf fy ngwasanaeth yn ysblander Tŷ'r Gerddi. Fel offeiriad yn ei reithordy yr oedd yn rhaid gadael ein cartref yn Sain Ffagan wrth ymddeol, ond trwy lwc yr oeddwn wedi adeiladu tŷ uwchlaw traeth Penbryn yn 1972 ac yno yn fy hen gynefin mae'n cartref wedi bod ers hynny. Bellach rwy'n agos at fy annwyl fôr, sydd wedi bod yn gymaint o ysbrydoliaeth i mi yn fy ngwaith a'm hamdden. Mae'r dŵr hallt yn llifo'n gryf trwy fy ngwythiennau, fel nifer fawr o'm cyndeidiau, ond yn wahanol iddyn nhw, mynegwyd y diddordeb hwnnw trwy gyfrwng fy llyfrau a rhaglenni radio a theledu yn hytrach na thrwy hwylio i bellafoedd daear.

Yr hyn a'm symbylodd fwyaf i adael Reading, a bywyd mewn pentre gwledig yn Berkshire, oedd y frwydr i gadw fy nau fab yn Gymry Cymraeg. Yn raddol, er mai Cymraeg oedd iaith yr aelwyd, dechreuodd y ddau siarad iaith Dyffryn Tafwys. Roedd yn rhaid symud. Gyda'r gwahoddiad i ymgymryd â'r swydd yn Sain Ffagan, daeth y cyfle. Gwyddem fod Ysgol Bryntaf, nid nepell o Sain Ffagan a bod yna ysgolion Sul yng nghapeli'r brifddinas. Nid oeddwn wedi mynychu'r capel ryw lawer pan oeddwn yn Reading, ond ar ôl symud i Gaerdydd daethom yn aelodau o eglwys Annibynnol Ebeneser, a dechreuais i fynychu'r ysgol Sul dan arweinyddiaeth y ddau athro, Leslie Jones a Dan Lyn James. Rywfodd neu'i gilydd nid fy syniadau i oedd syniadau gweddill y dosbarth, a daeth yn hollol glir i mi na allwn ddygymod ag agweddau cul ac uniongred llawer o'm cyd-ddisgyblion. Ar ben hynny nid oedd natur y pregethau lawer at fy chwaeth a buan y symudais o Ebeneser i gapel Annibynnol Severn Road dan weinidogaeth y Parch. Gwyn Erfyl yn gyntaf, ac yna y Parch. Rhys Tudur. Gwan iawn oedd yr achos yno a chau wnaeth y capel, heb lawer o hiraeth ar fy rhan i.

Cafodd ein tri mab eu haddysg yn ysgolion Cymraeg y ddinas – y ddau hynaf ym Mryntaf a Rhydfelen, a'r trydydd yn Llanhari. Cefais y fraint o fod yn gadeirydd pwyllgor rhieni Ysgol Gyfun Llanhari yn ystod dwy flynedd gyntaf yr ysgol, gyda'r hynaws ddiweddar Merfyn Griffiths wrth y llyw fel prifathro. Yr oedd safonau'r ysgolion uwchradd hyn yn aruthrol o uchel a'r iaith Gymraeg ar y blaen; tra gwahanol i Ysgol Uwchradd Aberteifi lle y derbyniais fy addysg innau bron yn gyfan gwbl trwy gyfrwng y Saesneg.

Ni allaf ddweud fy mod yn hollol hapus yng nghymdeithasau Cymraeg Caerdydd. Yr oedd bywyd cymdeithasol yr Exchange Club a'r Docks Company of Pals yn llawer mwy at fy chwaeth nag unrhyw gymdeithas capel neu gymrodorion. Yn wir, ar ôl yr ychydig fisoedd cyntaf yn ôl yng Nghymru, prin iawn fu fy ymweliadau â sefydliadau Cymraeg eu hiaith. Yr oedd yn gas gennyf eu partïon Nadolig, lle y diweddai pob noson gyda chanu emynau o amgylch y piano, neu gyda chwis beiblaidd. Prin oedd y ddiod yng nghymdeithasau snobyddlyd y dinasyddion, a phrinnach fyth fy nghyfraniad i'w gweithgarwch.

CRWYDRO'R BYD

Wedi'r wythnosau a dreuliais yn Bwlgaria a Romania yng nghwmni Peate yn 1966, yr oeddwn yn awyddus i ddarganfod rhannau eraill o Ewrop. Yn 1968 treuliais bum wythnos ar fy mhen fy hun yn Hwngari a Czechoslovakia ar ran y Cyngor Prydeinig, yn ymweld ag amgueddfeydd ac yn darlithio mewn prifysgolion. Syrthiais mewn cariad â Hwngari a'i phobl ar yr ymweliad cyntaf. Ni chefais gymaint croeso yn unman na chan drigolion gwlad oedd bryd hynny'n Gomiwnyddol, ac aelodau o Fyddin y Faner Goch i'w gweld ymhobman. Yr oedd rhai, fel Dr Imre Danko, Cyfarwyddwr Amgueddfa Debrecen yn y dwyrain a'i deulu, yn ffyrnig yn erbyn Comiwnyddiaeth a bûm gydag ef mewn amryw o gyfarfodydd protest. Darganfûm fod pobl Debrecen yn Galfinaidd hyd y carn ac yr oedd yr eglwys ynghanol y ddinas, gyda'i naw gweinidog, yn denu cynulleidfa o ddwy fil a rhagor. Gerllaw yr oedd yna goleg diwinyddol ac i'r dydd heddiw rwy'n clywed yn achlysurol gan rai o'r gweinidogion a gyfarfûm yno; bu un ohonynt yn weinidog yng Nghaeredin am gyfnod. Dyna fy ymweliad cyntaf â Hwngari, a bûm yno ryw chwech o weithiau i gyd yn ystod y saith a'r wythdegau. Cefais y fraint o ysgrifennu llith i rai o gylchgronau'r wlad, a'r rheiny wedi eu cyfieithu i'r Hwngareg. Trefnais arddangosfa fawr ar grefftau Cymru a gafodd ei dangos mewn nifer o ganolfannau – yn Budapest a Gyor, Szombathely a Debrecen ac amryw o rai eraill. Wrth gwrs gwelais dro ar fyd yno, ac ar un o'm hymweliadau sefais ar bont ger Debrecen yn gwylio'r Rwsiaid yn ymadael. Yr oedd pawb yn chwifio baner Hwngari ac yn gweiddi fel côr unsain: 'Go home, Ivan'. Dyna'r cyfieithiad a roddwyd i mi, o leiaf.

Ar un o'm hymweliadau tua 1984, cefais y fraint o agor cyfarfod bendithio cynhaeaf grawnwin Tokay. Gan sefyll ymysg y dyrfa ar sgwâr y dref a gwydraid mawr yn fy llaw, dechreuais siarad yn Saesneg. Ychydig o'r bobl oedd yn fy neall a phenderfynais y dylwn ddweud gair yn Gymraeg.

Cafodd fy iaith frodorol groeso mawr gan bobl Tokay. Wrth gwrs mi allai achlysuron gwledig o'r fath yma fod yn beryglus dros ben i Gardi. Mae'n debyg i mi golli diwrnod cyfan ym mis Hydref 1984. Rwy'n cofio yfed gwin ceirios (*cherry brandy*) am saith o'r gloch un bore. Y gair nesaf a glywais oedd 'Czardan' tua chanol dydd; a'r achlysur nesaf oedd deffro yn y gwesty y bore canlynol.

Cefais y fraint yn Slovakia o fod y darlithydd cyntaf o Orllewin Ewrop i ddarlithio i'r Academy of Sciences yn ninas Bratislava ar ôl tranc comiwnyddiaeth yn y wlad. Tra oeddwn yno profais agwedd o elyniaeth traddodiadol Slovakia a'r rhanbarth Czech neu Bohemia. Un bore fe'm gadawyd gan fy nghyfieithydd yn nhref ddieithr Valasske Mezirki – tref debyg i Raeadr Gwy – wrth iddi hi ei baglu hi'n ôl i Slovakia. Yn rhyfedd iawn, yr oeddwn wedi glanio ym mangre wreiddiol y Celtiaid – y *Celtic Cradle*. Cefais gystal blas yn Caffi Beca, Valasske Mezirki, ac a gefais yn ddiweddarach yng Nghaffi Beca yn Efailwen, ar ffiniau sir Gâr a sir Benfro. Rwy'n ymwybodol iawn fy mod yn ieithydd gwael, ond yn aml iawn mae'n bosibl cael mwynhad a gwybodaeth heb lawer o iaith. Cofiaf am byth y ddau ddiwrnod a dreuliais yn y mynyddoedd, efallai ymysg fy hynafiaid Celtaidd a roddodd groeso tywysogaidd i mi.

Bûm yn nwyrain Ewrop nifer o weithiau tan fy ymddeoliad yn 1992 a threuliodd Nansi a minnau bythefnos mewn fflat yng nghanol Debrecen. Mae nifer o bobl o Hwngari'n ymweld â ni yn Sarnau hyd y dydd heddiw, a rhai ohonynt heb weld y môr o'r blaen. Pe na bawn yn Gymro, yn Hwngari yr hoffwn fod.

Ymysg y rhai a fu'n aros gyda ni yr oedd teulu arbennig o'r enw Danko a fu'n ymweld â ni yn Sain Ffagan a Sarnau yn gyson. Cyfaill arall a ddeuai'n achlysurol oedd Miklos Czeri, cyfarwyddwr Amgueddfa Szentendre a llywydd Amgueddfeydd Awyr Agored Ewrop. Ar ei ymweliad cyntaf gwelodd Miklos fôr am y tro cyntaf, ac am ei fod yn achwyn bod y cwrw'n wan, fe'i cyflwynais i Alan Jones, ffermwr o Aberlleine ger Castellnewydd Emlyn, bragwr cwrw cartref arbennig iawn. Ni chlywais sôn byth eto am ansawdd ein cwrw.

O'i chymharu â Hwngari, gwlad llawer llai deniadol oedd Israel lle bûm am rai wythnosau yn 1981 fel darlithydd gwadd ym Mhrifysgol Tel Aviv. Yno yr oedd y bwyd yn ddiflas a llawer o'r Iddewon yn ddiserch dros ben. Yr oeddwn yn ddigon hapus gyda rhai o'r Palesteiniaid a gwrddais, ond nid oedd darlithiau a ddechreuai am wyth o'r gloch y bore yn fy mhlesio. Bûm yn nofio yn y Môr Marw a'r Iorddonen, ac yn byw am rai diwrnodau mewn *kibbutz*, lle y trigai rhai o weinidogion y llywodraeth. Profais bysgod diflas Môr Galilea, ar bum torth a dau bysgodyn – 'real Bible food' – a gwnes fy ngorau i roi arian ym mhoced 'pobl fusnes' Nasareth a Bethlehem. Am rai blynyddoedd bu Iddewon yn aros yn ein tŷ ni; pobl fel ceidwad llawysgrifau'r Môr Marw a'i feistres o Galiffornia, a cheidwad Amgueddfa Tel Aviv a oedd yn awyddus i gael cig mochyn bob pryd bwyd. Bu yn ein cartref ni deuluoedd o chwech yn aros am nosweithiau lawer. Nid oeddwn yn rhy hoff o wlad Canaan na'i thrigolion presennol.

Wrth i'm diddordeb yn hanes morwriaeth gynyddu, cefais fy hun yn ymweld â llawer mwy o wledydd ag arfordiroedd na chynt. Deuthum yn aelod o'r International Congress of Maritime Museums ac ymweld yn aml â'r Iseldiroedd, Denmarc, Norwy, Ffrainc a'r Almaen i ddarlithio a mynychu cynadleddau. Bûm hefyd ar ryw bedair taith ddarlithio i Ogledd America, gan ddarlithio ar hanes morwriaeth a thraddodiadau Cymru o Quebec i Vancouver, ac o Efrog Newydd i San Ffransisco.

Gweithredais fel arholwr allanol i nifer o brifysgolion am rai blynyddoedd, ond tra oeddwn yn ddigon parod i arholi yn Newfoundland a Birmingham, yr oeddwn yn llai parod i deithio i Brifysgol Khartoum pan oedd trafferthion y wlad ar ei gwaethaf.

Pan oeddwn yn Sain Ffagan, gwnes ymdrech nid yn unig i groesawu myfyrwyr o bob rhan o'r byd – nifer ohonynt yn astudio am radd uwch – ond hefyd i redeg rhaglen o gyfnewid staff. Bu nifer o staff Sain Ffagan ar ymweliadau estynedig ag Amgueddfa Genedlaethol Hwngari yn Szentendre, a'n braint ni oedd estyn croeso yma i'w staff hwythau.

GWAITH YMCHWIL A CHYHOEDDI

Soniais eisoes am fy nghred fod gwaith ymchwil a chofnodi elfennau o draddodiad ein gwlad yn hollbwysig. Yr oeddwn yn falch dros ben i gyhoeddi gwerthfawrogiad o'm gwaith gan Robert John Evans, pennaeth *Morol*, fel rhagair i'm llyfr *Welsh Ships and Sailing Men*:

> J Geraint Jenkins's contribution to our understanding of Welsh history is unique. While Curator of the Welsh Folk Museum at St Fagan's and the Welsh Industrial and Maritime Museum he was at the centre of the preservation and interpretation of our national history. He has also published over fifty titles on various aspects of Welsh history. His studies of Welsh rural life include *The Welsh*

Woollen Industry (1969) and *Life and Tradition in Rural Wales*. Our knowledge of Welsh Fisheries owes an invaluable debt to his study of commercial fishing in Welsh rivers (*Nets and Coracles*, 1974) and his survey of Welsh coastal fishing (*The Inshore Fishermen of Wales*, 1991). His *Ships and Seamen of Southern Ceredigion* (1982) offers a detailed study of one region rich in maritime past while *Ar Lan Hen Afon* (2005) traces the history of the wide variety of industries found on the shores of our major rivers. *Welsh Ships and Sailing Men – The Sailing Ships and Seaports of Wales* is a significant addition to the body of work providing an overview of the development and experiences of Wales's maritime communities placing them firmly within the context of Welsh history in general. In conjunction with his other publications *Welsh Ships and Sailing Men* also reflects the delicate and intricate relationship between rural, industrial and maritime Wales, and confirms the author's position as one of our most prodigious historians.

Dyma ganmoliaeth arbennig i'm gwaith, ond rhaid cofio nad oedd pob adolygiad mor ffafriol ac mae'n rhaid derbyn beirniadaeth ynghyd â chlod os yw fy ngwaith yn haeddu hynny. Ambell dro teimlais mai rhagfarn bersonol a chenfigen oedd yn symbylu rhai adolygwyr, fel yr adolygiad llym o'm *Life and Traditions in Rural Wales* gan Dr Iorwerth Peate a ymddangosodd yn y cylchgrawn *Barn*. Anrheg Nadolig iddo oedd y llyfr wedi'r cwbl.

Law yn llaw â gwaith ymchwil a chyhoeddi llyfrau ar fywyd gwerin derbyniais wahoddiadau i ymddangos ar y teledu ac ar y radio yn gyson. Bûm yn aelod parhaol o gyfresi fel *Lloffa* ac yn gadeirydd nifer o raglenni fel *O Gwmpas y Wlad* (rhagflaenydd y gyfres boblogaidd *Cefn Gwlad*) a *Canu Gwerin*, yr olaf yn orchest ryfeddol i rywun oedd bron yn fyddar i gerddoriaeth, yng nghwmni cyfranwyr a oedd yn awdurdod ar gerddoriaeth byd-eang. Ers ymddeol o'm swydd yng Nghaerdydd, yr wyf wedi gwneud tipyn o waith ar y cyfryngau. Ar wahân i raglenni ar ddiwydiannau gwledig megis gwlân a physgota, y môr a morwyr fu fy mhrif ddiddordeb. Rwyf wedi gwneud sawl ymddangosiad ar raglenni Saesneg fy hen gyfaill Trevor Fishlock, er enghraifft, ond fy mhrif bwrpas ar hyd y daith fu cyfrannu i wybodaeth. Trwy gyfrwng fy llyfrau, erthyglau, gwaith radio a theledu, fy uchelgais yw darganfod rhywbeth o bersonoliaeth Cymru a chreu cariad tuag at fy mhobl fy hun trwy ymchwilio i nifer o agweddau ar eu bywyd beunyddiol. Dyna sydd wedi rheoli a llywio fy ngwaith ers hanner canrif a rhagor.

YMWELWYR

Heblaw crwydro'r byd i ddarlithio ac ymweld â sefydliadau addysgiadol tebyg i Sain Ffagan ac Amgueddfa'r Dociau, yr oeddwn yn derbyn ymwelwyr niferus yn eu tro. Bu Llywydd gwlad fechan Vanuatu ynghanol y Môr Tawel – gweinidog Methodist – yn aros gyda ni am rai nosweithiau. Cofiaf hefyd am Ysgrifennydd Tramor China, gyda'i sbectol drwchus a'i ddannedd duon, yn cyrraedd gyda'i osgordd niferus un prynhawn. Gan fod yr annwyl Fred Clarke, y cyfrwywr o Donypandy, yn gwybod am yr ymweliad, ac yn cymryd ei bod yn ddyletswydd arno estyn croeso cynnes, aeth i un o siopau 'Chinese takeaway' Tonypandy i gael nodyn yn iaith

China. Ar ddiwedd yr ymweliad traddododd Fred ei air o groeso, ond ni ddeallodd neb air. Ar ôl tipyn o dawelwch dyma un o gyfieithwyr y grŵp yn dweud, 'Fred speaks Cantonese, but His Excellency speaks only Mandarin'. Beth bynnag, yr oedd y gŵr yn ddiolchgar am y gwregys dal trowsus o waith Fred a roddwyd iddo'n anrheg.

Cefais i fy hun dipyn o brofiad gyda'r Supreme Soviet, dirprwy i'r Llywydd Mr Gorbachov yn arwain, a nifer o bileri'r sefydliad Rwseg yn dilyn. Tra oedden nhw yng Nghaerdydd nid oedd y ciniawau ffurfiol a'u bwyd cyfandirol dieithr wrth eu bodd. Penderfynais i mai cawl cennin a chig oen oedd i fod yn Sain Ffagan ac edrychai pawb yn ddigon bodlon. Ar ôl anerchiad ffurfiol yr Ysgrifennydd Gwladol codais ar fy nhraed i ddiolch. Blanc! Yr oeddwn wedi anghofio enw a swydd y gwestai dan bwysau gormod o fodca a gwin. Felly dyma fentro 'My dear Vladimir, we have become great friends over the last few days, and as a friend I am greeting you by your Christian names'. Dyna'r peth gorau a allasai ddigwydd. Cefais gusan ar ddwy foch, ac yn dilyn yr ymweliad, a allai fod wedi profi'n drychinebus, derbyniwyd casgliad o drysorau Rwsia.

Gallai'r ymweliad fod wedi bod yn drychinebus am reswm arall hefyd: cofiaf am heddlu cudd Rwsia yn rhedeg ar ôl Gillian Green, y delynores brydferth, ar hyd muriau Sain Ffagan.

Cofiaf hefyd am weinidog cyllid Ffrainc a'i osgordd yn dod i'r amgueddfa yn y dociau, a minnau'n mynd â nhw i gyd i ginio yng Nghlwb y Gyfnewidfa. Yr oedd yno briodas ar y pryd – gŵr du ei groen o Somalia a gwraig wallt melyn, lond ei chot, o Gaerdydd. Roedd ganddi bump o blant eisoes, ond yr oedd yn rhaid gwisgo ffrog wen laes i'w phriodas. Yn fuan iawn yr oedd y Ffrancwyr wedi ymuno yn ysbryd y briodas lle llifai'r gwin a'r brandi.

YR EISTEDDFODWR

Yn Awst 1979 cefais fy ethol yn aelod o Orsedd yr Eisteddfod Genedlaethol fel Derwydd, gan ddwyn yr enw Geraint o Geredigion. Ers hynny rwyf wedi gorymdeithio sawl gwaith gyda'r Derwyddon eraill i rai o seremonïau yr Eisteddfod. Ni allaf ymffrostio fy mod yn eisteddfodwr pybyr, yn dra gwahanol i deulu Nansi, nifer ohonynt wedi cymryd rhan yng ngweithgarwch cerddorol yr ŵyl, a'i chwaer Mair Roberts wedi bod yn fuddugol mewn llawer eisteddfod megis am ganu emyn yn eisteddfodau Casnewydd 2004, Eryri 2005, ac Abertawe 2006.

Yr unig wir gysylltiad a gefais â'r Eisteddfod oedd fy ethol yn Gadeirydd Pwyllgor Celf a Chrefft Eisteddfod Caerdydd yn 1978. Am ddwy flynedd bûm yn aelod o'r pwyllgor gwaith ac yn ceisio cadw trefn ar grŵp cymysg o bobl, llawer ohonynt yn ddi-Gymraeg, a oedd yn gyfrifol am yr arddangosfa celf a chrefft ar faes yr Eisteddfod ym Mhentwyn. Er yr holl waith, a dadlau rhwng artistiaid, nid oeddwn yn fodlon ar yr arddangosfa. Enynnais lid a beirniadaeth llawer trwy ddatgan fod safon peth o'r gwaith celf yn echrydus o isel, a hynny yn y rhagymadrodd i lawlyfr yr adran ym Mhentwyn.

Cefais dipyn o drafferth ym mhwyllgor gwaith yr Eisteddfod pan eiliais gynnig Dai Francis i gael yr hawl i werthu diodydd meddwol ar y maes. Yr oeddwn eisoes wedi cael addewid gan un o fragwyr mwyaf blaenllaw Caerdydd y byddai'n barod i gyfrannu swm helaeth o arian i'r Eisteddfod pe câi'r hawl i werthu ei gynnyrch ar y maes. Daeth yn glir i mi fod y mudiad dirwest yn dal i ffynnu ymysg dosbarth canol Cymraeg ein prifddinas, ond erbyn hyn mae'r sefyllfa'n llawer mwy iach ac agored. Ar y llaw arall, mae'n bosibl bod tafarndai ger maes yr Eisteddfod yn dioddef tipyn, gyda llai o lymeitian yn ystod y dydd.

Er fy mod yn hapus iawn i wasanaethu pob math o sefydliad rhyngwladol a chenedlaethol, ni alwyd arnaf ond unwaith, a hynny yng Nghaerdydd yn 1978, i wasanaethu ar unrhyw bwyllgor yn ymwneud â'r Eisteddfod Genedlaethol. Tybiaf efallai fod y gwybodusion yn fy nghyfrif yn rhywun nad oedd yn rhy frwdfrydig a heb fod yn uniongred gul ym materion iaith a diwylliant.

Claear fu fy ymroddiad i rai pethau erioed ac nid oeddwn yn orfrwdfrydig dros yr Eisteddfod nac yn or-hoff o'r eisteddfodwyr pybyr. Ni fûm yn gystadleuydd, ac er i mi gael fy ngwahodd yn achlysurol i fod yn feirniad ar draethodau'n ymwneud â hanes diwylliant a hanes diwydiannol Cymru, ni ddyfarnais wobr i neb, oherwydd credwn fod y safonau'n isel iawn.

Eisteddfod Llanbedr Pont Steffan 1984 oedd y tro diwethaf i mi feirniadu. Efallai i mi fod yn anlwcus, ond ychydig iawn o waith creadigol a ddarllenais; yn wir, mewn rhyw bedair cystadleuaeth ar ddatblygiad crefft a diwydiant, deuthum ar draws cyfieithiadau o'm gwaith fy hun mewn llawer i draethawd 'gwreiddiol'. O'i gymharu ag Eisteddfod Genedlaethol yr Urdd, prin oedd y cystadleuwyr, ac isel oedd eu safon. Er fy mod wedi derbyn copïau o *Gyfansoddiadau a Beirniadaethau yr Eisteddfod Genedlaethol* er 1953, ni fu llawer o ddarllen arnynt, ac ar silffoedd fy llyfrgell y gorwedd y cyfrolau niferus hynny.

Er i mi fynychu nifer o eisteddfodau mewn cyfnod o dros hanner can mlynedd, nid oes prin un wedi pasio heb ryw fath o ddadl, pe bai ond am y tywydd. Cofiaf yn iawn am anialwch y Sahara yn Aberteifi yn 1976, am faes corslyd a gwyntog Abergwaun yn 1986, ac am ddiffeithwch caregog Llangyfelach yn 2006. Ambell dro yng nghanol stormydd Awst, rwy'n meddwl pa genedl yn y byd fyddai'n fodlon cynnal ei gŵyl ddiwylliannol hollbwysig mewn cae corslyd neu ddiffeithwch heb ffyrdd addas. Mor wahanol yw'r sefyllfa yng ngŵyl Caeredin, er enghraifft. Go brin y byddai'r Albanwyr yn fodlon ar babell syrcas gwyrdd a melyn, neu binc, i gynnal eu prif ŵyl. Cofiaf yn dda am y pafiliwn pren gwyrdd y cymerai fisoedd i'w symud a'i ailgodi mewn lle gwahanol bob blwyddyn. Cofiaf hefyd am bafiliwn llawer mwy chwaethus ond yn fwy costus i'w symud a adawyd i bydru ar gae ger Porthmadog ar ôl Eisteddfod 1987.

A dyma ni yn oes y plastig – gwyrdd a melyn, du a phinc – sydd wrth natur yn adeiladau dros dro, gyda'r gwyntoedd a'r glaw yn eu gwneud nhw'n hollol anaddas i ŵyl o ddiwylliant. Ar ben y cwbl, er 2005 mae cerrig yr Orsedd, symbol o barhad traddodiad ein cenedl, wedi eu gwneud o blastig ac yn hawdd dros ben i'w drosglwyddo o le i le. Yn llawer rhy aml mae stormydd dechrau Awst yn gallu creu tipyn o ddiflastod, a'r rhan fwyaf o ganolfannau'r ŵyl yn agored i holl elfennau natur.

Bellach mae'n rhaid meddwl o ddifrif am leoli'r Eisteddfod Genedlaethol ar nifer o safleoedd penodedig yn ein gwlad. Mae gan brifysgolion Casnewydd, Caerdydd, Abertawe, Llanbedr Pont Steffan, Bangor ac Aberystwyth yr holl adnoddau angenrheidiol i gynnal yr ŵyl, ac mae safleoedd y colegau yng Nghaerfyrddin,

Hwlffordd, a Wrecsam, ynghyd â maes y Sioe
Amaethyddol Frenhinol yn Llanelwedd, yn hollol addas
ar gyfer yr Eisteddfod heb orfod mentro i gaeau Meifod
a Llandeilo a diffeithwch Llanelli, Llangyfelach a Chwm
Rhymni, lle'r oedd yr adnoddau angenrheidiol yn gyfan
gwbl absennol.

Y RHYDDFRYDWR

Y cadeirydd gorau a welais erioed oedd Dr Roderic
Bowen, cyn-aelod seneddol Rhyddfrydol sir Aberteifi. Yn
frodor o dref Aberteifi ac yn byw yn Aber-porth, Roderic
fu fy nghadeirydd i yn Amgueddfa Diwydiant a Môr
Cymru tra bûm yno. Yr oedd gennyf barch aruthrol tuag
ato fel gŵr disglair, yn llawn storïau a hiwmor, a oedd
bob amser yn barod i ymladd dros yr amgueddfa a'i staff.
Ef hefyd fu fy mhrif gysylltiad â'r Blaid Ryddfrydol yng
Nghymru. Cyn hynny, pan oeddwn yn Reading, bûm yn
gweithio dros y blaid honno yn etholaeth Wokingham,
y mwyaf Torïaidd o holl etholaethau Lloegr. Dyma sedd
William Von Straubenze a John Redwood, a chofiaf yn
dda ganfasio dros yr ymgeisydd Rhyddfrydol.

Wedi dychwelyd i Gymru ymunais â'r Blaid
Ryddfrydol yng Nghaerdydd, ac ymhen dim cefais fy
hun yn ysgrifennydd y Grŵp Radicalaidd Cymraeg – The
Welsh Radical Group – gydag Aelod Seneddol newydd
Trefaldwyn, Emlyn Hooson, yn gadeirydd. Rhwng y ddau
ohonom cyhoeddwyd nifer o lyfrynnau politicaidd, y
pwysicaf ar gynllunio'r Gymru Wledig, *The Heartland*. Er
cael cynnig sefyll fel ymgeisydd sir Ddinbych, gwrthodais,
fel y gwnes yn ddiweddarach yng Ngheredigion.

Y cam pwysicaf yn fy ngyrfa wleidyddol oedd cyfarfod
Dr David Owen yn Sain Ffagan a phenderfynu dod yn

aelod o'r SDP. Yr oedd gan David Owen gysylltiad â'r Amgueddfa Werin gan mai ei daid oedd perchennog Siop Gwalia yng Nghwm Ogwr, a ailgodwyd yno. Gan gadw addewid a wnaethai flynyddoedd ynghynt, Dr Owen a agorodd y siop yn Sain Ffagan, a phleser o'r mwyaf i mi oedd croesawu'r teulu i ginio yno; dyna'r seremoni olaf i mi ei threfnu cyn ymddeol i'r gorllewin.

Credaf fod colli'r SDP a'i lyncu gan y Blaid Ddemocrataidd Ryddfrydol yn gam yn ôl yn hanes gwleidyddiaeth Prydain. Am ychydig flynyddoedd yr oedd brwdfrydedd pobl fel Roy Jenkins, David Owen, William Rodgers a Shirley Williams yn heintus ac fe bleidleisiais yn erbyn dychwelyd i'r hen Blaid Ryddfrydol. Cofiaf am ddadleuon ffyrnig etholaeth y Barri a chyfarfodydd diflas hen 'Ffederasiwn Rhyddfrydol De Cymru', ond ysywaeth bu'n rhaid plygu i'r drefn. O leiaf mae gan Geredigion ei haelod Rhyddfrydol ym mherson fy nghyfaill Mark Williams ar hyn o bryd.

Yn ôl i'm Cynefin
a'r Bywyd Cyhoeddus

Yᴿ oedd yr ardal wledig ym mhlwyf Penbryn lle'm magwyd yn dra gwahanol i'r un a gofnodais pan oeddwn yn paratoi traethawd MA yn 1953. Bellach yr oedd estroniaid wedi llifo i mewn gan ymsefydlu mewn fferm a bwthyn ymhob rhan o'r fro. Yn 1953 yr oedd tua 91.5% o boblogaeth Penbryn yn Gymraeg eu hiaith, a'r rhan fwyaf o'r rheiny a'u teuluoedd yn hanu o'r fro neu rywle o fewn Cymru. Yr oedd nifer o Saeson wedi eu hanfon i'r fro yn y 1920au – 'Saeson o'r Ysgol' y'u gelwid – a oedd naill ai'n fechgyn amddifad neu'n rhai oedd wedi torri'r gyfraith. Cafodd y rhan fwyaf eu hanfon yn weision ffermydd a chofiaf yn iawn am deulu Henry Pervin o Gaerlŷr a briododd yn lleol gan fagu pump o blant a gyfrannodd lawer i gapel Penmorfa. A dyna'r teulu Powell a hanai o Southampton. I'r mewnfudwyr cynnar yr oedd cyfathrachu yn yr iaith Gymraeg yn bwysig dros ben, a buan iawn y daeth y rhan fwyaf yn hyddysg yn yr iaith. Defnyddient gystrawen ddieithr yn aml a byddai pobl yn cael eu cyfarch â 'ti' yn hytrach na 'chi'. Yn rhyfedd iawn mi gollodd nifer ohonynt y Saesneg. Boddwyd hwy mewn môr o Gymreictod.

Erbyn 1992, pan ddychwelais i fyw yn Sarnau, dim ond 57% o boblogaeth Penbryn oedd yn Gymry, ac erbyn 2005 yr oedd 49.5% yn Gymry Cymraeg a thros hanner y boblogaeth yn ddi-Gymraeg. Yr oedd y sefyllfa yng nghymuned Llangrannog yn dra gwahanol, fel y gellid disgwyl mewn pentre glan môr a ddibynnai ar y diwydiant ymwelwyr. Yn 1953 yr oedd rhyw 37% o boblogaeth plwyf Llangrannog yn uniaith Saesneg, ond erbyn 2005 yr oedd dros 64%. Yn waeth na'r cwbl, yr oedd y pentrefi glan môr fel Llangrannog yn frith o dai haf a oedd ar y cyfan yn wag o Fedi i Fai bob blwyddyn. Yn ardal traeth Llangrannog dim ond rhyw wyth o bobl sy'n Gymry Cymraeg bellach, a nifer o'r rheiny'n oedrannus. Buan y darganfûm ar ôl dychwelyd nad oedd fawr o bleser mewn ymweld â'r pentre na'r ddwy dafarn a'r tai bwyta yn ystod yr haf. Yr oeddwn bellach yn estron yn y man lle bu fy nheulu'n trigo ers canol y 19eg ganrif pan ddaeth fy hen dad-cu Joseph a'i deulu i fyw i fwthyn y Rhip ar lan y traeth. Mae'r mewnlifiad wedi cael effaith drychinebus ar fywyd pentre Llangrannog.

Yr un yw'r stori yn ardal wledig Penmorfa; mae llai nag ugain o blant yn mynychu'r ysgol leol, ac er pob ymgais i addysgu'r rheiny drwy gyfrwng y Gymraeg mewn ysgol Categori A, yn 2005 dim ond un ohonynt oedd yn dod o gartref Cymraeg ei iaith.

Mae'r ddau gapel a oedd ym mhentre Llangrannog yn 1954 wedi hen gau, ynghyd â'r swyddfa bost, ac mae tair siop wedi cau, gan adael Siop Glynafon, hen siop fy Wncwl Joseph ac Anti Letitia, sy'n gwerthu pob math o offer plesera glan môr. Ar y llaw arall y mae yno fwy o dai bwyta na chynt, ond y twristiaid niferus sy'n cadw'r rheiny mewn busnes, o leiaf ym misoedd yr haf.

Cyn gynted ag y deuthum yn ôl i'm bro enedigol teimlwn y dylwn wneud rhywbeth i fagu diddordeb ymysg y boblogaeth yn ein treftadaeth. Yn y lle cyntaf paratoais nifer o gyrsiau dan nawdd Prifysgol Aberystwyth ar draddodiadau morwriaeth, crefftau a diwydiannau gwledig. Am dair blynedd bu gennyf ddosbarthiadau yng Ngheinewydd, Pontgarreg, Aberteifi, Caerwedros, Aberporth, Aberystwyth, Aberaeron a Llan-non, a heblaw rhoi pleser mawr i mi tyfodd cyfeillgarwch rhyngof â nifer. Yn Neuadd Goffa Sarnau ac mewn tŷ bwyta yn Llangrannog, trefnais nifer o ddosbarthiadau Saesneg ar hanes y fro y tybiais y byddent o ddiddordeb i'r mewnfudwyr. Paratoais lyfryn dwyieithog ar hanes y pentre i Gyngor Cymuned Llangrannog, a theimlwn fy mod wedi gwneud rhywbeth, o leiaf, i hyrwyddo ymwybyddiaeth o hanes a phersonoliaeth pentre glan môr ymhlith ymwelwyr â'r fro.

Mae'r mewnlifiad o Loegr wedi bod yn drasiedi i ardal Gymraeg fel Penmorfa. Bellach nid wyf yn gwybod enwau'r teulu sy'n byw gyferbyn â mi. Gwn wrth eu clywed yn siarad mai teulu dosbarth gweithiol o ogledd-orllewin Lloegr ydynt, yn byw ar bwrs y wlad. Hyd y gwelaf nid ydynt yn gwneud unrhyw gyfraniad i fywyd y gymdeithas na'r pentre, ac yn anffodus, ychydig o'r mewnfudwyr sydd â'r diddordeb lleiaf yn y fro maent wedi ymsefydlu ynddi, er gwaethaf dosbarthiadau iaith a gynhelir mewn nifer o ganolfannau.

Wedi absenoldeb o ddeugain mlynedd, nid oeddwn yn disgwyl i fywyd cymdeithasol fy mro enedigol fod yr un peth ag yr oedd yn fy ieuenctid. O safbwynt gwaith yr oedd llawer wedi newid. Bellach yr oedd gweision a morynion ffermydd yn brin dros ben a'r math o bobl a fu unwaith yn hanfodol i'r gymdeithas amaethyddol, wedi mynd. Yr oedd hynny i'w weld yng nghyflwr y capeli a gweithgareddau addysgiadol y fro. Hefyd yr oedd y morwyr, a fu unwaith mor hanfodol i fywyd yr ardal, bron wedi llwyr ddiflannu o'r tir. Ym mhentre Llangrannog, er enghraifft, a fu unwaith yn frith o forwyr, dim ond dau, sef Jim a Dai Thomas, Ship and Anchor, oedd ar ôl erbyn 1985, yn flaenoriaid ffyddlon, tawel ym mar y Pentre Arms. Erbyn troad y ganrif nid oedd un morwr ar ôl.

Edrychwn ymlaen yn hyderus at adnewyddu'r hen gyfeillach, ond nid felly y bu. O un i un bu farw fy hen gyfeillion gan adael bwlch sylweddol ar eu hôl.

Ychydig wythnosau ar ôl i mi ddychwelyd bu farw'r saer a'r storïwr Wynne Lloyd; yr olaf o deulu o saith, sef chwe bachgen – un yn genhadwr yn Japan – ac un ferch a briododd â Ieuan Griffiths, Treddafydd, yr oedd ei deulu wedi bod yn ffermio yno ers y 18fed ganrif. Yna Lynford Jenkins, yr ysgolfeistr lleol a oedd yn gymeriad annwyl ac yn storïwr anhygoel a ddefnyddiai ei atal dweud i bwrpas. Bu John Lewis Ffynnonfadog – cerddor ac arweinydd ei gapel – yn un o'm harwyr erioed tan ei farw adeg y Nadolig 1996.

Fy nghyfaill pennaf, efallai, oedd Thomas John Powell, y Poplar, hanesydd a chwmni difyr a enillodd gryn barch fel adeiladydd a datgymalwr adeiladau. Ei enw yn lleol oedd 'Tom y Bom' ac ef fyddai fy nghwmni ar nosweithiau yn y New Inn, lle byddai pobl y fro yn cyfarfod yn gyson. Byddai Thomas John yn dilyn fy holl gyrsiau ar hanes Cymru, ac yn cyfrannu llawer i'r dosbarthiadau.

Mae'r cyfeillion hyn ac eraill wedi ymadael bellach, a fawr neb o'r un natur wedi cymryd eu lle. Mae cymdeithas Gymraeg y New Inn wedi mynd, a thŷ bwyta sydd yn yr hen dafarn a sefydlwyd yn nechrau'r 18fed ganrif.

Efallai mai'r newid mwyaf a welais, heblaw yr ymsef-
ydliad o estroniaid, oedd cyflwr y capeli. Yn Llangrannog
caewyd y ddau gapel, Bancyfelin a Chrannog, a Saesneg
oedd iaith addoliad eglwysi plwyf Penbryn a Llangrannog.
Caewyd a gwacawyd Eglwys Sant Ioan yn Sarnau er mwyn
ei throi'n ganolfan gwyliau fel capel Hermon, Tresaith.
Yr oedd gan Benmorfa, fy nghapel i, 145 o aelodau yn
1953; heddiw nid yw'r aelodaeth yn fwy na 59, a llawer o'r
rheiny'n oedrannus. Anaml iawn y ceir mwy na phymtheg
o ffyddloniaid mewn cynulleidfa ar y Sul.

Cyn 1939 yr oedd bron pob eglwys yn Henaduriaeth
De Aberteifi yng ngofal bugail llawn amser, hyd yn oed
capeli cymharol fychan fel Capel Ffynnon, Pensarn a
Neuadd (y tri bellach wedi hen gau). Hyd yn oed yn
1959–60 yr oedd 18 bugail llawn amser yn gwasanaethu
eglwysi'r henaduriaeth ynghyd â nifer fawr o bregethwyr
cynorthwyol ac efrydwyr y colegau, ond bellach dau
fugail amser llawn (yn Aberaeron a Thregaron) a erys.

Mae nifer capeli Methodist de Ceredigion wedi
haneru bron, ac ychydig a gofir am gynulleidfaoedd Tan-
y-bryn, Pant-y-bwlch, Blaenafon, Capel Ffynnon, Pen-
sarn, Neuadd, Ffos-y-ffin, Llechryd, Bancyfelin, Pen-rhiw,
Llandysul, Waunifor, Tan-y-groes a Watchtower. Mae
amryw o rai eraill mewn perygl.

Dywedir mai 6% yn unig o boblogaeth Cymru sy'n
mynychu lle o addoliad heddiw. Er 1960 yn Ne Ceredigion
mae eglwysi Presbyteraidd fel eraill wedi cau o un i un
– Tanybryn, Pantybwlch, Llwyn y groes, Capel Ffynnon,
Neuadd, Pen-sarn, Ffosyffin, Bancyfelin Pen-rhiw,
Llandysul, Penuel (Ceinewydd), Waunifor, Watchtower.
O'r gweddill sydd yn dal ar agor mae aelodaeth pob un
wedi cilio a phresenoldeb mewn oedfaon yn isel dros ben.

Ym 1997 yn ne Ceredigion yr oedd:

11 eglwys gydag aelodaeth o dan 30 o aelodau
14 eglwys gydag aelodaeth rhwng 31 a 50 o aelodau
8 eglwys gydag aelodaeth rhwng 51 a 100 o aelodau
6 eglwys gydag aelodaeth o dros 101

I'r ychydig sy'n mynychu oedfaon, dim ond arferiad o dalu gwrogaeth i gefndir a phlentyndod sy'n eu denu i oedfa. I lawer, gorchwyl ddiflas yw mynd i wasanaeth ac nid oes ynom frwdfrydedd na gwerthfawrogiad o'r hyn a roir ger ein bron. Efallai mai difaterwch sydd bellach yn nodweddiadol o'n crefydd a'n cymdeithas. Gyda threigl amser mae aelodaeth ein capeli'n heneiddio'n ddyddiol ac ar y cyfan mae'r ieuanc yn absennol o'r gwasanaethau.

Cefais fy ethol yn flaenor yng nghapel Penmorfa yn 1994, ac er fy mod yn llawn amheuon crefyddol nid oes gennyf unrhyw amheuaeth ei bod hi'n bwysig i gapel sy'n dyddio o 1796 barhau fel rhan o batrwm cymdeithas. Er 1996 rwyf wedi gwasanaethu fel ysgrifennydd cyffredinol yr eglwys, yn dilyn fy hen gyfaill John Lewis, Ffynnonfadog. Yr oedd gan y capel 63 o aelodau, nifer ohonynt yn byw yn rhywle arall, eraill yn aelodau mewn enw yn unig. Bob blwyddyn yn Adroddiad Blynyddol y capel rwyf wedi ceisio rhybuddio'r aelodau a erys fod yna berygl mawr i'r capel a sefydlwyd dros ddwy ganrif yn ôl ddiflannu, ond ofnaf nad yw fy apêl yn cael unrhyw effaith a dirywio mae pethau o ddydd i ddydd.

Yn 1997, a minnau wedi cael fy ethol yn gadeirydd yr ofalaeth sy'n ymestyn o Ddyffryn Teifi i'r môr – gofalaeth ac iddi aelodaeth o tua 450 rhwng wyth capel – penderfynwyd gofyn barn yr aelodau ynglŷn â galw gweinidog. Gofynnwyd iddynt a fyddent yn fodlon talu am wasanaeth bugail. Dangosodd yr ymateb ddifaterwch y boblogaeth ynghylch materion yn ymwneud â'r capel a'r gymdeithas. O'r 450 holiadur a ddosbarthwyd, dim ond rhyw 50 a ddychwelwyd, a'r rhan fwyaf o'r rheiny'n gwrthwynebu galw gweinidog. Yn sicr cymdeithas ddigon marwaidd sydd yng nghefn gwlad bellach. Er bod yna nifer o gorau yn y rhanbarth, ac ambell i Dalwrn, ychydig iawn o frwdfrydedd a welir dros grefydd ac eglwys; difaterwch sy'n nodweddu'r bywyd cyfoes, yn anffodus.

Pan oeddwn yn ifanc yn y tri a'r pedwardegau, yr oedd dylanwad y capel ar y gymdeithas yn drwm iawn. Yr oedd yna reolau digon caeth, a hyd yn oed caled a chreulon, yn enwedig ym myd moesoldeb. Yr oedd beichiogi plentyn heb briodi yn arwain yn ddiffael at gael eich diarddel o'r capel. Byddai'r blaenoriaid a'r gweinidog yn pregethu'n llym ynghylch trosedd o'r fath. Roedd diodydd meddwol, yn enwedig cwrw, dan y lach ac yr oedd yn rhaid i bob blaenor dyngu llw na fyddai byth yn cyffwrdd â nhw. Gweinidog Twrgwyn a Salem, capeli yn agos i Benmorfa, oedd y Parch. John Green, dirwestwr pybyr a'i ddylanwad yn drwm ar y gymdeithas wledig. Dan ei arweiniad ef daeth y Gymanfa Ddirwest yn un o brif weithgareddau bro eang. Ofnaf i mi anghofio neges y gymanfa honno yn gyflym iawn. Fel arfer byddai'r rhan fwyaf o forwyr y fro yn ddirwestwyr pybyr pan oeddent gartre, ond tystia rhai fod trawsnewidiad yn digwydd wrth y bar yn stesion Caerfyrddin.

Yn y pumdegau yr oedd arwyddion pendant fod yr eglwysi anghydffurfiol yn crebachu. Yn 1948, er enghraifft, yr oedd gan Benmorfa 162 o aelodau; erbyn 1960 yr oedd yno 122 aelod, ac erbyn 1970 yr oedd yr aelodaeth yn llai na chant. Yn y degawd o 1960 i 1970 bu lleihad o tua

37% yn aelodaeth capeli Presbyteraidd de Ceredigion.
Yr oedd yr ysgrifen ar y mur, er bod gofalaeth Penmorfa
a Bancyfelin yn ddigon hyderus i alw'r Parch. Daniel
John Evans yn weinidog yn 1960. Erbyn 1965 bu'n rhaid
ymestyn y fugeiliaeth i gynnwys Neuadd a Phen-sarn,
ond yn fuan iawn, gyda Phen-sarn yn cau a'r Neuadd yn
ymuno â Cheinewydd, ad-drefnwyd yr ofalaeth i gynnwys
Tan-y-groes a Watchtower. 'Gorfodir ni bellach', meddai'r
cyflwyniad i Flwyddlyfr 1973, 'i gydnabod methiant y
Cyfundeb i sicrhau gofal bugail i'w holl eglwysi a derbyn
y ffaith o ofalaeth ddi-fugail. Oni bydd yna ddeffroad
ysbrydol yn ein plith, gwaethygu a wna'r sefyllfa yn
gyflym.'

Un arwydd clir o'r dirywiad yn y chwedegau oedd
y gostyngiad yn nifer yr ysgolion Sul, ac wrth i'r
blynyddoedd fynd heibio, yr oedd yr aelodau'n mynd
yn fwy oedrannus. Yn 1958 yr oedd ysgol Sul yn 47 o
gapeli de Ceredigion, gyda 1,550 o ddisgyblion a 154
yn ymgeiswyr yn yr Arholiad Sirol. Yn 1998, 282 yn
unig a fynychai'r ysgol Sul ac nid oedd sôn bellach am
Arholiad Sirol. Prin iawn yw'r ysgolion Sul erbyn hyn.
Gyda chystadleuaeth y cyfryngau, siopa ar raddfa uchel,
mwynhad mewn tafarndai a gwestai, pob math o gampau,
a theithio byd-eang, mae atyniadau heddiw yn enfawr.
Dyma'r gystadleuaeth am eneidiau pobl, a thybed a all yr
Eglwys gynnig rhywbeth heblaw'r diflastod sydd yn cael
ei adlewyrchu mor aml yn ein gwasanaethau? Efallai ei
bod bellach yn amhosibl credu mewn trefn a ordeiniwyd
ddwy fil a rhagor o flynyddoedd yn ôl; efallai ei bod yn
anodd credu mewn Duw cariad yn wyneb y difrawder, y
creulonderau a'r rhyfeloedd a oedd yn nodweddiadol o'r
ganrif fwyaf gwaedlyd a chythryblus yn hanes y byd.

Er nad wyf yn gapelwr pybyr, ac er bod gennyf amheuon lawer am wirioneddau crefydd, teimlaf fod Penmorfa yn rhan hanfodol o hanes bro sy'n mynd yn ôl am ddwy ganrif o leiaf ac, i mi, mae amddiffyn treftadaeth yn bwysicach na dim. Mae'r capel a'i weithgareddau wedi bod yn elfen o bwys yn fy mywyd. Pe na bai yn rhagor na chadwraeth adeilad o fri, mae Penmorfa yn dal yn agos at fy nghalon.

UCHEL SIRYF

Trwy ryw ddirgel ffyrdd cefais fy newis i fod yn Uchel Siryf Dyfed am y flwyddyn 1994–5. Ychydig iawn a wyddwn am y swydd honno heblaw am y ffaith y byddai'n rhaid i mi wisgo siwt felfed a chlos pen-glin a mynychu pob math o seremonïau uchel-ael yn y sir. Heblaw am un neu ddau fel y diweddar Berwyn Williams a Dr Glyn Rhys, di-Gymraeg oedd llawer o'm rhagflaenwyr. Yr oedd rhybudd o'm henwebiad wedi ei gyhoeddi yn y *Times* ym mis Tachwedd dair blynedd cyn i mi ymgymryd â'r swydd. Bu'n rhaid astudio'n fanwl trwy holi cyn-siryfion am y dyletswyddau, ac yr oedd yn glir mai cynrychioli'r Frenhines y byddwn i. Gwas i'r Goron mewn pob mater yn ymwneud â'r gyfraith oeddwn. Disgwylid i mi hefyd fod yn bresennol pan fyddai aelodau o'r teulu brenhinol ar ymweliad â Dyfed – bod wrth law Barnwyr yr Uchel Lys pan oeddent yn y rhanbarth. Byddwn yn gyfrifol am gyfrif pleidleisiau mewn etholiadau seneddol yn ogystal. Ar ôl tair blynedd o wasanaeth fel *Sheriff in Nomination* daeth dydd fy urddo i'r siryfiaeth ar 14 Ebrill 1994 yn Neuadd y Cyngor yn Aberaeron. Wedi fy ngwisgo mewn lifrai o'r Canol Oesoedd a gostiodd ffortiwn i'w gwneud gan gwmni enwog Ede and Ravenscroft yn Llundain, yr oeddwn yn benderfynol o gael rhan o'r seremoni urddo trwy gyfrwng y Gymraeg. Deallais fod y swydd o Uchel Siryf yn dyddio'n ôl i 1284, a thros y canrifoedd, heblaw efallai yng Ngheredigion yn achlysurol, aelodau o deuluoedd bonheddig tair sir Dyfed fyddai'n gwasanaethu fel Uchel Siryfion. Fel y dywedais mewn un cyfarfod o ddiolchgarwch am fy mhenodiad:

> When I became High Sheriff in 1994 I was very conscious of the fact that I was succeeding many noble and distinguished people who have served as High Sheriffs of the county of West Wales. My modest bungalow home, Cilhaul, Sarnau, was upgraded to the same level as the great houses of Dyfed, Bronwydd and Peterwell, Llwyngwair and Scolton, Gogerddan and Rhydcolomennod where inevitably past High Sheriffs resided. But in the observations of John Phillips, a local historian, who wrote in 1868: *Gentility of descent was more esteemed than at present in choosing High Sheriffs. A glorious ancestry without personal worth is a sham.*
>
> Encouraging words indeed for a High Sheriff whose maritime ancestors achieved notoriety for importing illicit goods to the isolated beaches of Cardigan from Ireland. They must have been then condemned by Howell Harris, the Methodist leader, when he paid visits to my native parish of Penbryn to preach against 'plundering ships and cheating the King of things exised'.

Er gwaethaf ffurfioldeb swydd yr Uchel Siryf, a natur Seisnigaidd yr holl weithgareddau, teimlai Nansi a minnau dipyn o falchder ynghylch fy mhenodiad, a cheisiais roi'r lle priodol i draddodiad Cymraeg fy mro enedigol. Traddodais araith ar achlysur fy urddo:

> I am very proud of the fact that I was chosen
> to be High Sheriff of Dyfed and I consider it
> to be a great honour to serve the people of my
> native county for the coming year. Although
> I have spent the whole of my professional life
> away from Ceredigion – in Leicester, Reading
> and Cardiff – I have always remained a Cardi;
> proud of the traditions and heritage of my
> own people. It has been my privilege to study,
> present and interpret the long history of West
> Wales and its people; its farmers and craftsmen,
> its industrialists and mariners who made such
> an unique contribution to the character and
> personality of this land of Dyfed and the cultural
> heritage of Wales and the world.

Gyda'r delynores Eluned Scourfield, merch fy hen gyfaill a'm cydweithiwr Dr Elfyn Scourfield, yn canu'r delyn, a'r cyn-Uchel Siryf Dr John Cule o Gapel Dewi yn siarad, cafwyd diwrnod urddo pleserus dros ben. Digwyddodd hynny ar 14 Ebrill 1994, ac ymhen ychydig dechreuodd ymweliadau ac achlysuron cyhoeddus o bob math, lle y disgwylid i mi roi ryw fath o anerchiad. Yn Ebrill a Mai 1994, er enghraifft, mynychais y cyfarfodydd canlynol:

15 Ebrill: Amgueddfa Dinbych-y-pysgod:
            llywydd y nos
17 Ebrill: Gwasanaeth Ambiwlans, Aberteifi
20 Ebrill: Dydd Sadwrn Barlys, Aberteifi:
            cyflwyno cwpanau

30 Ebrill:	Gwasanaeth Cyfreithwyr, yn Eglwys Gadeiriol Tyddewi
3 Mai:	Urddo Dr Edmund Davies yn Gadeirydd Dyfed
3 Mai:	Cinio gyda Barnwyr yr Uchel Lys yn Abertawe
6 Mai:	Urddo Maer Llanbed
12 Mai:	Cyflwyniad tair cyfrol ar hanes Llanymddyfri
13 Mai:	Urddo Maer Caerfyrddin
17 Mai:	Cyflwyno Medalau'r Heddlu, Caerfyrddin
23 Mai:	Cyfarfod Tywysog Cymru, Aberdaugleddau Derbyniad yng Nghastell Penfro
24 Mai:	Derbyniad: Castell Howard, Llanelli
25 Mai:	Ordeinio Blaenoriaid, Penuwch

O wythnos i wythnos ac o fis i fis dyna sut y bu ar Uchel Siryf Dyfed tan Ebrill 1995. Fy nghwmni cyson drwy'r flwyddyn fu Cadeirydd Cyngor Sir Dyfed, Dr Edmund Davies, a'i briod Brenda o Sanclêr. Cafwyd hwyl ysgubol yng nghwmni Edmund wrth ymweld ag eisteddfodau a'r Sioe Amaethyddol, ar achlysuron ymweliadau gan y teulu brenhinol â'r sir, a mynychu nifer fawr o giniawau.

Fel Uchel Siryf gwnes ymgais i gasglu arian at Gymdeithas Sglerosis Ymledol (M.S.), yr afiechyd a drawodd ein hail fab, a thrwy gynnal Oedfa o Fawl ym Mhenmorfa a chyngerdd yng Nghaerfyrddin llwyddais i godi rhyw bum mil o bunnoedd i achos teilwng iawn.

Y CYNGOR SIR
Ar ôl blynyddoedd lawer o absenoldeb o'm bro enedigol yr oeddwn yn hollol sicr bod y profiadau a gefais mewn sefydliadau eraill ym Mhrydain yn amhrisiadwy, a theimlais yr hoffwn drosglwyddo ychydig o'r profiad

hwnnw er budd fy mhobl fy hun. Fel darlithydd, blaenor Presbyteraidd, darlledwr, ac aelod o nifer o bwyllgorau, ceisiais roi rhywbeth yn ôl i'r gymdeithas lle'm magwyd. Yn fuan ar ôl dychwelyd fe'm gwnaethpwyd yn llywydd Hanes Aberteifi, sef cymdeithas o bobl o'r dre, y rhan fwyaf ohonynt yn fewnfudwyr Saesneg eu hiaith. Gwasanaethais yn y swydd honno am ryw dair blynedd, ac yn nes ymlaen gwnaed fi yn un o Ymddiriedolwyr Cadwgan, grŵp o bobl leol oedd yn awyddus i adnewyddu hen gastell Aberteifi.

Yn ogystal â hynny ymladdais isetholiad ar gyfer aelodaeth o Gyngor Dyfed, dan fantell y Democratiaid Rhyddfrydol. Yr oedd yr etholaeth yn ymestyn o Langrannog i ffiniau gogleddol tref Aberteifi, a rhoddodd yr etholiad a'r canfasio gyfle i mi adnewyddu fy hen adnabyddiaeth o dde Ceredigion ar ôl blynyddoedd o absenoldeb. Deuthum yn ail allan o bedwar ac yr oeddwn yn falch gweld fy mod wedi dod yn weddol agos at fy hen gyfaill Haydn Lewis a oedd eisoes wedi gwasanaethu ei fro am flynyddoedd lawer.

Yn 1996 daeth fy nghyfle gydag etholiad i gyngor newydd Ceredigion. Cyn penderfynu sefyll, clywais mai ymfudwr o Sais oedd yr unig ymgeisydd, a'i atgasedd at Gymry ei fro ac at Blaid Cymru yn amlwg. Gyda'r *Anti-Racialist* yr oedd yr estron hwn yn mynd i gael ei ethol yn ddiwrthwynebiad i gynrychioli Penbryn a Llangrannog ar y Cyngor Sir. Ceisiais berswadio nifer o bobl y fro i sefyll yn erbyn y gŵr o swydd Efrog, ond nid oedd neb yn barod i wneud hynny. Ychydig cyn canol dydd ar ddiwrnod cau yr enwebiadau cyflwynais fy mhapur enwebu. Cafwyd canlyniadau digon ffafriol: cefais i ryw 650 o bleidleisiau, a'r Sais hanner cant yn unig. Teimlais ar y pryd, yn enwedig mewn rhai o gymunedau glan môr, ei bod yn bwysig i Gymry Cymraeg ysgwyddo'r baich, oherwydd oni bai am hynny byddai'r holl Gyngor Sir a'r pwyllgorau cymunedol yn trafod popeth yn Saesneg. Fel cynghorydd lleol yr oeddwn yn mynychu'r pwyllgorau hyn. Cynhaliai'r pwyllgor yn hen blwyf Llangrannog bob cyfarfod yn Gymraeg, ond nid felly cymuned Penbryn. Gan fod un Sais, ac un yn unig, ar y pwyllgor o un ar ddeg, cynhelid y cyfarfodydd i gyd yn Saesneg. Brwydrais nes i'r Sais fodloni ar dderbyn cofnodion Saesneg, ac yna o fewn dim cynigiodd ei ymddiswyddiad. Cymraeg yw iaith pwyllgor cymuned Penbryn bellach.

Bu fy nghyfnod o bron i ddeng mlynedd fel aelod o Gyngor Sir Ceredigion yn un digon hapus. Ar ôl rhai blynyddoedd cefais fy ethol yn Gadeirydd Pwyllgor Iaith a Diwylliant y Cyngor, a theimlais ei bod yn ddyletswydd arnaf roi canllawiau i ddatblygiad fel y gwelwn i nhw. Dyma'r prif bwyntiau:

1 Y mae'r iaith Gymraeg yn hanfodol bwysig yn ein hanes ac yn ein bywyd dyddiol. Yng ngweithgareddau ein holl sefydliadau a'n pwyllgorau, mae'n rhaid rhoi lle blaenllaw i'n hiaith. Wrth gwrs mae'n rhaid i ni gofio fod y Gymraeg yn edwino'n gyflym iawn. Bellach, llai na 50% o boblogaeth fy ward i sy'n siarad Cymraeg. Mae'n ddyletswydd arnom i hyrwyddo a chefnogi pob ymgais i ddysgu'r iaith i'r bobl hynny nad sy'n medru'r Gymraeg.

   Mae penodi swyddog iaith yn bwysig dros ben.

2 Mae gan Geredigion draddodiadau a threftadaeth unigryw. Mae'n ddyletswydd arnom ddehongli'r dreftadaeth honno, nid yn unig er mwyn y

twristiaid a'r estroniaid sy'n dod i'n plith, ond hefyd er mwyn ein pobl ein hunain. Ein dyletswydd yw hyrwyddo balchder yn ein treftadaeth. I mi, hanes yw sail bywyd a ffyniant unrhyw genedl. Ni ellir byth anwybyddu'r canrifoedd o esblygiad dyn.

3   Ugain mlynedd yn ôl cyfrifid gwasanaeth llyfrgell y sir hon yn un o'r goreuon yn y wlad, gyda gwasanaeth teithiol arloesol, gwasanaeth darlithio, a changhennau ar hyd y sir. Bellach mae awdurdodau eraill fel Penfro a Gwynedd wedi achub y blaen arnom trwy adeiladu adeiladau newydd, aml-bwrpas sy'n haeddu cael eu galw yn llyfrgelloedd sir. Yma, er gwaethaf gwasanaeth arbennig gan nifer o lyfrgellwyr nodedig, mae'r pencadlys yn dal i fod mewn adeilad hollol anaddas nad yw wedi newid llawer ers dyddiau Andrew Carnegie.

Mae'n rhaid i ni wneud ymgais i adeiladu llyfrgell newydd yn Aberystwyth – mae'r adeilad presennol yn warthus.

Er bod canghennau llyfrgelloedd Llandysul, Aberaeron a Llanbed yn dda dros ben, mae'r sefyllfa yn Aberteifi ymhell o fod yn ddelfrydol. I lawer o henoed y dre mae'r sefyllfa'n amhosibl gan fod y llyfrgell wedi ei lleoli ar bedwerydd llawr y 'white elephant' mwyaf a welodd Ceredigion erioed. Gyda lifft sy'n torri lawr yn rheolaidd, mae nifer fawr o drigolion Aberteifi yn gwrthod mynd ar gyfyl lle a ddylai fod yn rhan hanfodol o fywyd cymdeithasol a diwylliannol y dre.

4   Bellach mae gennym archifdy yn swyddfeydd y sir sy'n welliant mawr ar y sefyllfa bum mlynedd yn ôl

pan oedd yr archifdy mewn atig. Teimlaf ei bod yn bwysig dros ben i'n harchifydd gasglu dogfennau sy'n ymwneud â'r bywyd cyfan yng Ngheredigion. Dyna pam, er enghraifft, yr euthum gyda'r archifydd i Aberteifi i gasglu adroddiadau pob capel yn ne Ceredigion fel cofnod dilys o fywyd yn y sir hyd heddiw. Ni ddylai'r archifdy na'r amgueddfa ganol-bwyntio ar y gorffennol yn unig, chwaith: 'History never ceases to be made. We are never at the end of time but always in the middle of it.'

Mae'n bwysig hefyd i gael trefn ar ein casgliadau gwerthfawr o ffotograffau. Ar hyn o bryd ŵyr neb lle y maent. Rhaid cael catalog manwl o'r daliadau.

5 Yn y pwyllgor cynllunio ar un achlysur yr oedd papur cynhwysfawr ar *The Maritime Heritage of Ceredigion*. Meddyliais, o'r diwedd, dyma ni yn y sir hon yn talu gwrogaeth i draddodiad ein cymuned glan môr – i'm tad ac wncwl Elias i'm hen dadau – Capten Joseph yr Asyn a'i dad yntau Dafi Plasbach Penbryn a fentrodd mor bell â Wicklow yn 1777 i werthu sgadan a dychwelyd i draeth Penbryn gyda Hannah Christmas, fy hen hen hen fam-gu.

Ond och, siom a gafwyd. Nid oedd y papur helaeth yn ddim ond homili arwynebol y 'bottle nosed dolphin' a ddaeth mor bwysig yn ardal y Cei a Llangrannog cyn gynted ag y dywedodd amgylcheddwyr Seisnig fod rhywbeth unigryw ynghylch y creadur hwn. Wrth gwrs, i ni yn Llangrannog 'twmbleri' oedd rhain, ac os oeddent yn nofio tua'r gogledd, yna yr oedd tywydd teg ar y ffordd.

Credaf yn gydwybodol y dylem geisio sefydlu rhyw fath o amgueddfa forwrol sy'n olrhain hanes a thraddodiad morwriaeth yng Ngheredigion – naill ai yn y Cei neu yn Aberaeron.

Bellach mae gan Benfro dair amgueddfa fôr ac Ynys Môn bedair, ond dyma ni yng Ngheredigion, lle'r oedd morwriaeth hyd yn oed yn bwysicach, heb un math o ganolfan i ddehongli ein treftadaeth gyfoethog. Os yw ein hadnoddau ni fel sir yn brin, dylem chwilio am ffynonellau eraill i sefydlu amgueddfa o'r fath, ac os byddwn yn ceisio am arian o Ewrop, neu'r Loteri, neu'r International Congress of Museums (rhan o'r Cenhedloedd Unedig) yna rhaid paratoi cais manwl a thrwyadl.

6 Yn olaf, credaf y dylem edrych o ddifrif ar gasgliad unigryw Margaret Evans, 'Aberystwyth Yesterday'. Byddai'n warth arnom fel Cyngor pe collem y casgliad arbennig hwn. Teimlaf ein bod wedi colli cyfle yn hen orsaf Aber – mae'n lleoliad canolog a gall Aberystwyth Ddoe fod yn un o brif atyniadau'r dre; y mae angen rhyw fath o atyniad arni.

Efallai fel Cyngor nad ydym yn meddwl yn ddigon eang: efallai nad ydym yn barod i geisio cymorth gan sefydliadau a chronfeydd y tu allan i'r Cyngor, gan ddefnyddio prinder arian fel esgus i wneud dim. Yn waeth na'r cwbl, efallai nad oes digon o gydweithio rhwng gwahanol swyddogion a gwahanol bwyllgorau'r Cyngor, a bod pob adran yn llawer rhy aml yn ei chyfrif ei hun fel rhyw ynys na ddylid aflonyddu arni. Mae swyddog cadwraeth, neu swyddog yr arfordir, er enghraifft, mor bwysig i'r pwyllgor hwn ag ydyw i bwyllgor cynllunio. Mae'n rhaid cael llawer mwy o gydweithrediad o fewn y Cyngor hwn, er budd a llwyddiant ein sir – ei hiaith, ein diwylliant a'n traddodiadau. Prin fu'r ymateb i'n syniadau.

Efallai mai piso yn erbyn y gwynt oedd yr holl ddymuniadau hyn, canys mewn llai na blwyddyn yr oedd y Pwyllgor Iaith a Diwylliant yn cael ei ddiddymu a'i holl weithgarwch wedi ei drosglwyddo i'r Pwyllgor Addysg.

O fewn ychydig ddiwrnodau o gael fy ethol yn gynghorydd sir, deuthum i'r casgliad y dylai cynrychiolydd y bobl fod ar gael i wasanaethu y bobl hynny ddydd a nos. Yn aml iawn byddai galwadau ffôn yn dechrau tua wyth y bore, ac nid oedd yn beth anghyffredin i weld rhywun wrth y drws tua deg o'r gloch y nos. Galwadau'n ymwneud â chynllunio oedd y rhain, a rhai ohonynt yn hollol afresymol. Y noson cyn cyfarfod cynllunio, byddai rhywun yn sicr o alw i'm gweld, ac roedd hi'n hawdd creu hen awyrgylch diflas os nad oedd cynghorydd yn barod i gefnogi pob cynnig. Wrth gwrs fel hanesydd yr oeddwn yn barod iawn – efallai yn rhy barod – i weld adeiladau pwysig yn cael eu dymchwel a'u newid, ac yr oeddwn yn barod i wrthwynebu datblygiadau dieithr. Cofiaf am frwydr yr *hip roof* lle'r oedd ymgeisydd yn awyddus i roi to o'r fath ar ei dŷ newydd. Yr oedd y swyddogion am wrthod y cais gan ei fod yn ddull estron o doi, ond yn anffodus yr oedd o leiaf hanner cant o dai â thoeau 'hip' rhwng Sarnau ac Aberaeron, ac enghreifftiau perffaith gan nifer o gapeli'r sir yn ogystal.

Nid oedd galw mawr am fy ngwybodaeth hanesyddol yn llawer o waith y Cyngor. Ar wahân i'r Pwyllgor

Cynllunio, digon di-fflach fu fy nghyfraniad i'r
Gwasanaethau Cyllidol a Chymdeithasol. Ychydig oedd
fy ngwybodaeth am addysg gynradd a diflastod pur
oedd gweithgareddau'n ymwneud â pharatoi'r gyllideb.
Yr oeddwn yn fwy hapus gyda thai a phriffyrdd. Yn y
dyddiau cynnar disgwylid i bob cynghorydd wasanaethu
ar saith neu wyth o is-bwyllgorau, yna penderfynwyd
sefydlu system gabinet i gymryd lle'r pwyllgorau
niferus. Dyna'r ffordd fwyaf effeithiol o weithredu, yn
ôl y llywodraeth ganolog. I mi, fel llawer un arall, dyna
ddiwedd democratiaeth mewn llywodraeth leol. Y
Cynghorydd Dai Lloyd Evans o Dregaron, gŵr yr oedd
gennyf barch aruthrol i'w allu, oedd Arweinydd y Cyngor,
ac iddo ef y rhoddwyd y dasg o ffurfio'r cabinet nerthol
a hollbwysig. Nid oedd gennyf fi'r diddordeb lleiaf
mewn gwasanaethu ar gorff o'r fath, ond yr oedd eraill,
mwy uchelgeisiol, yn awyddus iawn i wneud. Efallai nad
y mwyaf abl o gynghorwyr a ddewiswyd i fod yn un o
wyth aelod y 'Sanhedrin'. Teimlai llawer eu bod wedi colli
eu holl ddylanwad, a bellach dim ond rhyw bwyllgorau
bach dibwys i fwrw golwg dros weithgareddau'r cabinet
oedd ar gael iddynt. Wrth gwrs, cymysgfa o bobl oedd y
Cyngor Sir, rhai ohonynt yn gydwybodol a galluog, eraill
yn dawedog ac yn llai deallus. Eto i gyd, bu'r naw mlynedd
a dreuliais yn eu plith yn rhai digon pleserus ar y cyfan.
Cefais flas arbennig ar gynrychioli'r sir ar gyrff allanol,
megis Prifysgol Cymru a'r Amgueddfa Genedlaethol,
pwyllgorau iaith a physgodfeydd a nifer o rai eraill, rhai
yn ddylanwadol, ond eraill yn gwbl analluog i gynrychioli
diwylliant a llywodraeth Cymru.

Yna ym mis Ebrill 2002 cefais fy ethol yn Gadeirydd
y Cyngor Sir am flwyddyn. Heblaw llywio cyfarfodydd y

Cyngor, credwn mai un o brif ddyletswyddau'r Cadeirydd oedd gweithredu fel rhyw fath o is-gennad a chwifiai faner Ceredigion ym mhob rhan o'r wlad. Yr oedd y cyfarfodydd hyn yn niferus, ac yn ystod y flwyddyn honno siaradais 77 o weithiau ar achlysuron megis ciniawau, neu agor adeiladau newydd. Teimlai Nansi a minnau ei bod yn fraint ac anrhydedd, ac yn wir yn bleser digymysg, i gynrychioli fy sir enedigol ymhob rhan o'r wlad.

Fy nghyhoeddiad cyntaf ar ôl cael fy ethol oedd bod yn gyd-siaradwr â Rhodri Morgan, Prif Weinidog Cymru, a Jane Davidson, y Gweinidog Addysg, gan mai Ceredigion oedd yn gyfrifol am drefnu'r gynhadledd addysg genedlaethol yng Nghaerdydd. Bu Nansi a minnau mewn cymanfaoedd canu niferus ac fe gyfarfyddon ni â nifer o aelodau o'r teulu brenhinol. Agorais arddangosfeydd a bûm yn gyfrifol am nifer o gyrsiau ar hanes lleol ymhob rhan o'r wlad. I deithio i'r rhain, nid oedd gan Geredigion fodur ysblennydd na gyrrwr profiadol, a byddai Ford Fiesta bach Nansi i'w weld ymysg *limousines* cynghorau eraill Cymru.

Fel Cadeirydd yr oeddwn yn benderfynol y byddai holl weithgarwch y Cyngor yn cael ei drafod yn Gymraeg, a chan fod nifer o gyfieithwyr ynghyd â'r offer angenrheidiol ar gael ar bob achlysur, ni chafwyd unrhyw drafferth. Arferid cynnal darlith flynyddol adeg Gŵyl Ddewi, ac yn ystod y blynyddoedd cyn fy ethol cafwyd darlithiau pwysig gan Yr Arglwydd Geraint o Bonterwyd a'r Athro Geraint H. Jenkins o Aberystwyth. Nid oedd dim amdani ond cael y trydydd Geraint – fi – i ddarlithio ar draddodiadau Ceredigion. Bu'n ofid mawr i mi pan ddaeth yr arfer hwnnw i ben, a hynny am resymau ariannol, mae'n debyg.

Efallai mai prif gyflawniad y flwyddyn oedd prynu castell Aberteifi i'r sir. O'r diwedd, ar ôl mil o flynyddoedd, dyma Ceredigion yn meddiannu un o safleoedd pwysicaf y genedl – safle eisteddfod gyntaf y Cymry yn 1176.

Y GREFI TRÊN

Rywle ym mherfeddion swyddfeydd y Bwrdd Croeso yng Nghaerdydd, dyfeisiwyd rhaglen addysgiadol ar hanes a daearyddiaeth Gymru i ymwelwyr o Ogledd America, gyda'r bwriad o berswadio penaethiaid cwmnïau teithio yn yr Unol Daleithiau i annog eu cwsmeriaid, yn enwedig y rhai hynny o waed Cymreig, i ymweld â'r hen wlad. Gelwid y cyrsiau yn Wise Wales Scheme. Yr Athrofa yn Abertawe oedd yn gyfrifol am drefnu'r cyfarfodydd gyda'r Bwrdd Croeso, ac Andrew Campbell o'r Athrofa oedd fy nghydymaith ar deithiau pleserus iawn trwy Gymru. Byddai'r cynrychiolwyr o'r Unol Daleithiau'n cael eu hedfan naill ai i Fanceinion neu i Lundain ar gost y cwmnïau awyrennau, a'u lletya yn y gwestai pedair seren gorau yng Nghymru. Fy swyddogaeth i oedd cyfarfod â'r Americanwyr ym moethusrwydd y gwestai hyn a rhoi yr hyn a alwent yn 'Keynote Address' fel man cychwyn i'r daith drwy ein gwlad. Gwyddwn o brofiad, ar ôl fy nheithiau darlithio yn yr wythdegau, mai byr ac ysgafn y dylai pob darlith i Americanwyr fod, felly siaradwn â nhw am ryw ddeugain munud. Soniwn am y dylanwadau estron arnom, gan gyfeirio at y Rhufeiniaid a'r Normaniaid, diwydianwyr a thwristiaid – pob carfan yn gadael ei hôl ar fy mhobl. Bwriad hyn oedd sicrhau'r Americanwyr fod Cymru a'r Gymraeg yma o hyd. Yna byddwn yn olrhain pwysigrwydd nifer o bobl o dras Gymreig a adawodd eu hôl hwythau ar yr

Unol Daleithiau. Soniais am John Adams o Fassachusetts, ail arlywydd America a hanai o ardal Dre-fach Felindre a Llanwinio yn sir Gâr, ac am Frank Lloyd Wright, y pensaer byd-enwog oedd â'i wreiddau yn ardal Pont-siân yng Ngheredigion. O ardal Caerwedros yn yr un sir daeth Hubert Humphrey, gŵr a gollodd y ras i fod yn Arlywydd America o drwch blewyn. Soniais hefyd am Evan a Sarah Williams o Dale yn sir Benfro a ddechreuodd y Kentucky Bourbon Whisky Company, a Llewelyn Morris Humphreys o Fferm y Castell, Carno, Trefaldwyn a ddaeth yn enwog fel dihiryn yn Chicago yn y 1930au ac yn ail i Al Capone ei hun.

Nid wyf yn siŵr a oedd pob un yn gwerthfawrogi'r rhaglen o deithio a darlithio a baratowyd ar eu cyfer. Yn sicr, nid trefnyddion gwyliau oedd llawer ohonynt ond pobl a fanteisiodd ar gyfle rhad i deithio a mwynhau. Cyfarfyddais â gynecolegwyr o Pasadena a broceriaid stoc o Chicago a ddangosai ond y mymryn lleiaf o ddiddordeb yng Nghymru a'i phobl. Clywais ddigon o achwynion, er hynny, a chofiaf yn iawn grwydro strydoedd y Fenni yn hwyr y nos yn chwilio am ddeintydd gan fod un wraig o Chicago wedi colli dant trwy fwyta cig oen gorau Cymru. Bu achwyn am nad oedd digon o iâ yn y 'Dry Martini', sef joch enfawr o gin a'r diferyn bach lleiaf o *vermouth* ar ei ben – diod danllyd ryfeddol.

Ar ôl tair blynedd o baratoi ymweliadau darganfûm fod llai na dwsin o deithwyr wedi manteisio ar groeso'r Wise Wales Scheme, ond fe gefais innau bleser o'r mwyaf yn manteisio ar y cyfleoedd i ymweld â rhannau mwyaf godidog fy ngwlad.

Bûm yn aros nosweithiau lawer yn rhai o'n gwestai mwyaf moethus ar gost y Bwrdd Croeso, a phenllanw'r holl ddarlithio oedd cael fy ngwahodd i draddodi darlithiau ar fwrdd y llong *QE2* ar fordaith o Efrog Newydd i Southampton. Cawsom wythnos yn Efrog Newydd, a phum niwrnod ar fwrdd y llong yn rhoi dwy ddarlith syml ar hanes Cymru. Nid oedd un o'r ddwy yn hwy na deugain munud. Dyma sut y cyfeiriwyd at fy eitem i ar raglen y dydd: *Wales. Cymru am Bydd with videos and movies filmed in the beautiful Welsh Countryside.*

Gyda'r darlithiau 'Interpreting the Heritage of Wales' a 'Wales and the Sea', cafodd yr Americanwyr gyfle i ddysgu am Gymru a'i phobl, a chafodd Nansi a minnau flasu moethusrwydd yr enwocaf o longau.

CWANGOS

Pwyllgor dylanwadol iawn y bûm yn aelod ohono oedd y Comisiwn Cenedlaethol ar Longddrylliadau, a oedd yn rhan o'r Bwrdd Masnach. Yn y cyfarfodydd clywn am ddeifwyr ac archaeolegwyr a oedd yn ceisio cael trwyddedau i blymio ar hyd arfordir Prydain er mwyn astudio llongddrylliadau a chodi cynnwys y llongau i'w cadw fel gwrthrychau o bwys. Yr enwocaf yn fy nghyfnod i, efallai, oedd y *Mary Rose*, un o longau rhyfel y Brenin Harri'r VIII, sydd bellach i'w gweld yn Portsmouth. Yr oedd llawer o weithgarwch anghyfreithlon yn digwydd yn y gweithfeydd tanfor, gyda thrysorau o bob math – rhai heb eu cofnodi – ar werth dros y byd. Yr oedd yna waith aruthrol i'w wneud i roi trefn ar y cyfan.

Cefais gyfnod hefyd fel Comisiynydd Henebion ac Adeiladau (y Royal Commission on Ancient Monuments) a gyfarfyddai'n rheolaidd i drafod y gwaith manwl o hyrwyddo cadwraeth adeiladau hanesyddol yng Nghymru. Digon anniddorol oedd gweithgareddau gor-fanwl y

Comisiwn ac yr oeddwn yn ddigon balch o gyrraedd diwedd fy nghyfnod o dair blynedd fel aelod.

Yn benllanw ar yr holl waith cwangoaidd ar ôl ymddeol o fy swydd yn Sain Ffagan, cefais fy ethol yn gadeirydd pwyllgor canolbarth a de Cymru o Gyngor Celfyddydau Cymru. Yr oeddwn hefyd yn aelod o'r Cyngor Cenedlaethol dan gadeiryddiaeth gadarn yr hynaws Syr Richard Lloyd-Jones, cyn-bennaeth y Swyddfa Gymreig. Yr oedd gwaith y cyngor hwn yn hynod ddiddorol er gwaethaf tipyn o anghydweld ymysg yr aelodau. Byddem yn cyfarfod mewn nifer o ganolfannau yng ngorllewin a canolbarth Cymru heblaw am Gaerdydd, a chofiaf am ymweld â chanolfannau yn Abertawe, Trallwng, Aberystwyth, Pontardawe ac Aberdaugleddau i gynnal cyfarfodydd chwarterol y pwyllgor rhanbarthol. Gyda gwasanaeth gwerthfawr prif swyddogion fel Carwyn Rogers a'r Prifardd Mererid Hopwood, a staff effeithiol dros ben, cyfrannodd y Cyngor yn helaeth i ddatblygiad y celfyddydau yng Nghymru. Wrth gwrs nid oedd pob cyfarfod yn rhedeg yn llyfn ac yn esmwyth, a byddai cynrychiolwyr dinas Abertawe bob tro yn ceisio sicrhau bod yr holl fanteision ariannol yn llifo tua'r ddinas honno.

I fod yn hollol onest ni fûm erioed yn gwbl hapus ym myd celfyddyd gain; hanes cymdeithasol ac economaidd Cymru yw fy mhrif ddiddordeb i, ac mewn cyfarfodydd yn ymwneud â thraddodiadau'r arfordir a bywyd gwyllt y môr yr wyf hapusaf. Ers rhai blynyddoedd bellach rwyf wedi gweithredu fel cadeirydd grŵp llywio Ardal Cadwraeth Arbennig, Bae Ceredigion.

Ar ôl ymddeol o'r Cyngor Sir bu'n hawdd ailgydio yn y prosiectau a adawyd ar eu hanner – yn enwedig ar hanes morwriaeth yng Nghymru – pan gefais fy ethol i'r

Cyngor. Rwy'n falch dros ben fy mod wedi rhoi ar gof a chadw, trwy gyfrwng llyfrau, rhaglenni radio a theledu, rai o'n traddodiadau a'n cyfoeth fel cenedl. Yn anad dim mae fy ngwaith ysgrifenedig yn deyrnged ac yn goffâd i'm teulu a fu dros y blynyddoedd yn ceisio ennill bywoliaeth er gwaethaf y trafferthion di-rif a'r treialon niferus oedd yn nodweddiadol o'u bywyd.

CASTELL ABERTEIFI

Y mae stori Castell Aberteifi yn un gwerth ei hadrodd canys yn ei hanes unigryw mae yna bosibilrwydd i ail-greu rhywbeth arbennig iawn.

Ers rhai blynyddoedd bellach yr wyf wedi gwasanaethu gyda rhyw saith arall fel un o Ymddiriedolwyr Cadwgan, y corff sy'n gyfrifol am ddatblygu hen gastell Aberteifi. Nid wyf yn hanesydd y Canol Oesoedd, ond mae cadwraeth castell cerrig cyntaf ein gwlad o bwys mawr i'r genedl Gymreig. Gwn fod yng Nghymru nifer fawr o gestyll mwy deniadol, na chafodd eu difrodi fel un Aberteifi. Nid yw i'w gymharu â chestyll Caernarfon a Phenfro, Harlech a Chydweli, er enghraifft; mae'r adeiladau niferus o fewn y muriau yn fwy o furddunod nag adeiladau fu unwaith yn bwysig. Sylweddola Cadwgan fod gwaith araf a chostus i'w wneud er mwyn adnewyddu'r hen gastell, ond o safbwynt hanes Cymru y mae'n bwysig dros ben.

Cofier mai dyma leoliad yr eisteddfod genedlaethol gyntaf pan wahoddodd yr Arglwydd Rhys nifer o feirdd a cherddorion o bob rhan o Gymru i gystadlu mewn cyfarfod diwylliadol yn 1176, a chredaf yn gryf y dylid ei adnewyddu fel symbol o ysbryd y genedl. Bûm yn awyddus ers y cychwyn i weld castell Aberteifi fel lleoliad arddangosfa unigryw hanes ein sefydliadau pwysicaf.

Gellid rhoi cerrig yr Orsedd (rhai cerrig, nid plastig) ar y lawnt o fewn y muriau a throi'r safle'n ganolfan a fyddai'n denu ymwelwyr o bob rhan o'r byd.

Adeiladwyd tref Aberteifi o amgylch y castell ac yma y datblygodd y pwysicaf o hen borthladdoedd Cymru. Daeth morwyr Aberteifi, gan gynnwys fy nheulu i, yn enwog dros y byd. Erbyn dechrau'r 19eg ganrif yr oedd gan y dref fwy o longau nag unrhyw borthladd arall yng Nghymru. Yn 1816, er enghraifft, roedd yma 314 o longau o'i gymharu â 135 yn Aberaeron, 76 yn Aberdaugleddau a 52 yng Nghaerdydd.

Fel porthladd ymfudo yr oedd Aberteifi yn bwysig dros ben, ac yr oedd yn ferw o weithgarwch rhwng tua 1820 ac 1850. Gadawodd llawer am yr Unol Daleithiau a Chanada, ac yn Fredericton yn New Brunswick yr oedd sefydliad New Cardigan gyda'i holl boblogaeth o Joneses a Davieses ac eraill a ymsefydlodd yno yn y 1820au.

Fy mreuddwyd daer yw gweld dehongliad o hanes morwriaeth yn rhan o arddangosfa ar safle'r castell.

§

Fel fy nghyndeidiau a hwyliodd o Aberteifi crwydrais innau yn helaeth cyn dychwelyd i'm cynefin. Nid tynnu ar raffau a wnes i ond tynnu ar atgofion a phrofiad a thystiolaeth eraill. Nid cludo cargo angenrheidiol mewn howldiau a ddaeth i'm rhan ychwaith ond casglu a throsglwyddo gwybodaeth am natur, am gymeriad ac am bersonoliaeth fy mhobl fy hun.

Profiad beunyddiol oedd llanw a thrai i'm cyndeidiau; bu ei gofnodi yn waith oes i forwr tir sych.

Cyhoeddiadau

1   *The English Farm Wagon – Origins and Structures*,
    Oakwood Press for the University of Reading, 1961;
    2nd Edition, David & Charles, 1971; 3rd edtion, David
    & Charles, 1983; Reader's Union edition, 1982
2   *Agricultural Transport in Wales*, National Museum
    of Wales, 1967
3   *Traditional Country Craftsmen*, Routledge & Kegan
    Paul, 1965; further editions, 1966, 1969, 1971, 1975;
    Reader's Union edition, 1967; F.A. Praeger, 1969;
    Revised edition, 1979
4   *The Craft Industries*, Longman, 1972
5   *Crefftwyr Gwlad*, Gomer, 1971
6   *The Welsh Woollen Industry*, National Museum of
    Wales, 1969
7   *Nets and Coracles*, David & Charles, 1974
8   *The Esgair Moel Woollen Mill*, National Museum of
    Wales, 1965; 2nd edition, 1974
9   *The Rhaeadr Tannery*, Nat. Museum of Wales, 1970
10 *Crefft y Turniwr Coed/The Woodturner's Craft*,
    National Museum of Wales, 1971
11 *Boat House and Net House*, Nat. Mus. of Wales, 1974
12 *The Heartland* [with Emlyn Hooson], New Horizon
    Series, Web Radical Publications, 1965
13 *Studies in Folk Life: Essay in Honour of Iorwerth
    Peate* [editor], Routledge & Kegan Paul, 1969

14 *The Wool Textile Industry in Great Britain* [editor], Routledge & Kegan Paul, 1971

15 *Lle'r Amgueddfa yn y Gymdeithas Gyfoes – Darlith Tre'r-ddôl*, Amgueddfa Genedlaethol Cymru, 1971

16 *Traditional Tools and Equipment* [editor], Museum Assistants Group, 1965

17 *The Cooper's Craft*, Nat. Museum of Wales, 1979

18 *Life and Tradition in Rural Wales*, Dent, 1976; 2nd edition, Alan Sutton, 1991

19 *Dre-fach Felindre and the Woollen Industry*, National Museum of Wales, 1976; 2nd edition, 1984

20 *Exploring Country Crafts*, EP, 1977

21 *From Fleece to Fabric*, Gomer, 1981

22 *Maritime Heritage – The Ships and Seamen of Southern Ceredigion*, Gomer, 1982

23 *The Flannel Makers*, Gomer, 1984

24 *Wales Elo Kezmuvessegi*, Neprajiz Museum, 1976

25 *Evan Thomas Radcliffe*, National Museum of Wales, 1982

26 *The Coracle*, Golden Grove, 1987

27 *Cardiff Shipowners* [with David Jenkins], National Museum of Wales, 1986

28 *Exploring Museums – Wales*, HMSO, 1990

29 *The In-Shore Fishermen of Wales*, University of Wales, 1991

30 *Getting Yesterday Right – Interpreting the Heritage of Wales*, University of Wales, 1992

31 *Amgueddfa Diwydiant Gwlân Cymru/Museum of the Welsh Woollen Industry*, Amgueddfa Genedlaethol Cymru, 1994

32 *Bro a Chapel – Hanes Penmorfa 1798–1998*, Eglwys Penmorfa, 1998

33 *Llangrannog*, Llangrannog Community Council, 1998, 2000, 2004

34 *Cockles and Mussels* [atgynhyrchiad o *Folk Life*], 1984

35 *The Maritime Heritage of Dyfed* [with David Jenkins], National Museum of Wales, 1982

36 *Ysgol Uwchradd Aberteifi 1894–1998* [Golygydd], E. L. Jones, 1998

37 *Folk Life*, Vols 1–16 [editor] 1963–79

38 *Traddodiad y Môr*, Carreg Gwalch, 2004

39 *Welsh Ships and Sailing Men*, Carreg Gwalch, 2005

40 *Dre-fach Felindre a'r Diwydiant Gwlân*, Carreg Gwalch, 2005

41 *Dre-fach Felindre and the Woollen Industry*, Carreg Gwalch, 2005

42 *Melinau Gwlân*, Carreg Gwalch, 2005

43 *The Flannel Makers*, Carreg Gwalch, 2005

44 *Aberaeron and New Quay/Aberaeron a Ceinewydd*, Carreg Gwalch, 2005

45 *Ceredigion – Interpreting an Ancient County*, Gwasg Carreg Gwalch, 2005

46 *Ar Lan Hen Afon*, Cymdeithas Lyfrau Ceredigion, 2005

47 *Cenarth – Llanbed/Cenarth – Lampeter*, Carreg Gwalch, 2006

48 *The Coracle*, Carreg Gwalch, 2006

49 *Y Cwrwgl*, Carreg Gwalch, 2006

50 *Cardigan/Aberteifi*, Carreg Gwalch, 2007

51 *Interpreting the Heritage of Wales* (Presidential Address to the Society for Folk Life Studies at Bangor in September 1986) atgynhyrchiad o *Folk Life*, Vol.25

Hefyd gan J. Geraint Jenkins

Mae'r awdur yn olrhain hanes yr amrywiaeth eang
o ddiwydiannau traddodiadol – o wneud papur i bysgota perlau –
a ffynnodd dros y blynyddoedd ar lannau ein prif afonydd.

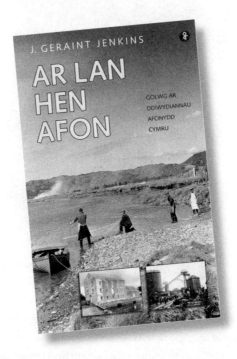

Ar hyd y canrifoedd manteisiodd ein cyndeidiau ar yr hyn y
gallai afonydd ei gynnig iddynt o ran bwyd, cludiant a phŵer.
Gwnaethant ddefnydd o ddŵr cyflym y bryniau a dyfroedd llonydd
y dyffrynnoedd a'r aberoedd, a thrwy hynny helpu i wneud ein
gwlad yr hyn ydyw heddiw.
    Cyfrol ddifyr a darllenadwy sy'n peri i ni ryfeddu at
ddiwydrwydd a dyfeisgarwch y rhai a ymatebodd i rym y dŵr.

192 tudalen, 48 ffotograff du a gwyn, mynegai, clawr meddal, £9.99
ISBN: 9781845120368 (1845120361)

Cledwyn Fychan

'Fel gwladwr, fy amcan oedd sgrifennu llyfr poblogaidd
i gyd-wladwyr o Gymry' – yr Awdur.

Cyfrol unigryw sy'n cynnig golwg gwbl Gymreig ar y blaidd.

Fel y gellid disgwyl mae tystiolaeth enwau lleoedd yn gwbl
ganolog, ond taflodd yr awdur rwyd ei ymchwil i gwmpasu
atgofion llafar gwlad, chwedlau traddodiadol, barddoniaeth,
llawysgrifau nas cyhoeddwyd ac, wrth gwrs, yr holl ddeunydd a
geir mewn hen gofnodion, cylchgronau a llyfrau. Am y tro cyntaf
erioed tynnwyd yr wybodaeth ryfeddol hon ynghyd.

Dros y canrifoedd fe lwyddodd y blaidd i ymwthio i feddyliau
pob un ohonom, i'n harswydo a'n swyno bob yn ail. Dyna pam mai
llyfr i bawb yw Galwad y Blaidd.

320 tudalen, llu o luniau lliw llawn drwyddo, clawr meddal,
228x190 mm, £14.99, ISBN: 9781845120481 (1845120485)

David Jenkins

Golwg ar gymdeithas wledig de Ceredigion
drwy graffu ar ei hiaith.

"Cofnod a dadansoddiad llachar."

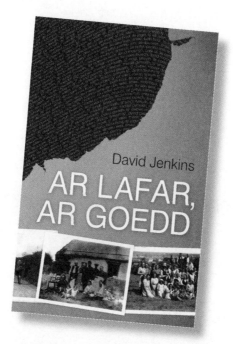

Yn yr ysgrif gyntaf dadleuir bod ymadroddion y 'werin' yn datgelu
sut y gwêl y gymdeithas ei strwythur ei hun.

Trafodaeth ar ystyr 'gwerin' sydd yn yr ail ysgrif; dadleuir bod
ystyr y gair 'gwerin' wedi newid wrth i'r gymdeithas ei hun newid.

Dechreua'r drydedd ysgrif gyda geirfa ffermydd ac eir ymlaen i
ddisgrifio hanes dulliau amaethu a'r modd y câi rhannau gwahanol
o'r tir eu trin.

Yn Ar Lafar, Ar Goedd gwelwn gymdeithasegydd yn trafod ei
gymdeithas ei hun; cymdeithas sydd bellach wedi hen ddiflannu.

200 tudalen, rhai lluniau du a gwyn, clawr meddal, £9.99
ISBN: 9781845120559 (1845120558)